AF533761

**FRITZ DARGES**

---

# IM INNEREN KREIS

FRITZ DARGES:

# IM INNEREN KREIS

ZeitReisen


Postfach 100 549
44705 Bochum
Tel. 02327/71559
Fax 02327/979829
info@zeitreisen-verlag.de
www.zeitreisen-verlag.de

ISBN 978-3-941538-73-3

# EINLEITUNG

Keine historische Epoche beschäftigt die Deutschen mehr als die Zeit des Nationalsozialismus. Und das bis heute. Zu keinem Thema werden jährlich mehr Bücher veröffentlicht. Biographien, Studien, Erinnerungen, Schlachtschilderungen und andere Publikationen erscheinen in unglaublich kurzen Abständen. Aber warum ist das so? Ist es die Faszination des Bösen oder eine Art Voyeurismus? Oder möchte man nur das „Warum" verstehen? Fest steht, es wird eine Nachfrage bedient, denn wenn es sich wirtschaftlich nicht lohnen würde, eine solche Fülle von Material zu veröffentlichen, würde es niemand tun – höchstens gäbe es dann vielleicht Studien- oder Doktorarbeiten oder Arbeiten von öffentlichen Einrichtungen, die damit ihre Existenz rechtfertigen müssen.

Der Großteil dieser Masse von Veröffentlichungen ist allerdings ersetz- und austauschbar, denn meist werden Dinge „wiedergekäut", die längst bekannt sind. Es gibt Dutzende Bände zum Thema Stalingrad, die immer und immer wieder den Schlachtverlauf nachzeichnen – dabei kennt man das Ende schon. Ähnlich wie bei dem Film *Titanic*.

Selten taucht etwas auf, das neue Erkenntnisse oder Sichtweisen liefert. Dies ist auch nicht verwunderlich, denn schließlich sind fast 70 Jahre seit dem Kriegsende vergangen, viele Akten sind zugänglich (auch wenn vor allem in den USA, Großbritannien und in Rußland noch etliche Akten unter Verschluß sind), und die Zeitzeugen sterben langsam aber sicher aus.

Aber gerade die Erinnerungen der Zeitzeugen sind etwas, was man unbedingt konservieren sollte. Mit Rochus Misch starb 2013 der letzte Zeuge aus dem Führerbunker in Berlin. Alle Sekretärinnen, Adjutanten und direkten Untergebenen Adolf Hitlers sind mittlerweile tot, aber gerade das Thema „Hitler" ist das faszinierendste im Bereich des Nationalsozialismus – auch wenn das viele nicht zugeben wollen. Doch warum gehören beispielsweise die *Spiegel*-Titel mit Bezug zum „Dritten Reich" immer (mit Ausnahme vielleicht von „Evas Uhr") zu den bestverkauften? Es ist das Faszinosum „Hitler", das die Menschen fesselt. DVDs, Zeitschriften, Bücher etc. überbieten sich mit neuen Erkenntnissen zu Hitler, die aber alle in irgendeiner Form schon bekannt sind und niemanden mehr vom Hocker hauen. Findet ein Historiker ein unbekanntes Dokument zu Hitler, so kann man sicher sein, daß er uns alle bald mit einem mehrere hundert Seiten starken Wälzer erfreut, der „ein völlig neues Licht" auf Hitler wirft. So oder ähnlich werden diese Werke zumindest angekündigt.

Doch wo bleiben die Bücher über die Menschen, die Hitler selbst erlebt haben? Manche – beispielsweise Schroeder, Misch, Junge – haben ihre Erinnerungen zu Papier gebracht, doch erst relativ spät, denn im Nachkriegsdeutschland beachtete kaum jemand das Personal aus der Umgebung des „Führers". Das Interesse galt anderen Dingen, und weite Teile der deutschen Gesellschaft wollten dieses „dunkle Kapitel" hinter sich lassen. Erst im Laufe der 1980er und 1990er Jahre änderte sich dies. Während die „Kindergeneration" noch gegen die „Täter-Eltern-Generation" rebelliert hatte, stellte die „Enkelgeneration" andere Fragen. Von diesem Interesse profitierten auch die noch lebenden Zeitzeugen, die plötzlich im Fokus des Interesses standen. Erinnert sei hier nur an die Reihen von Guido Knopp, die sich allerdings als inhaltlich recht fragwürdig darstellen (*Hitler – Eine Bilanz, Hitler Helfers I und II, Hitlers Krieger, Hitlers Frauen, Hitlers Kinder* etc.). Aber zumindest haben sie fast vergessene Personen aus der Versenkung geholt, die über die NS-Zeit berichten können, wie in dem Buch, das sie gerade in den Händen halten.

Fritz Darges, zuletzt Obersturmbannführer, bewegte sich über Jahre hinweg in der Umgebung des Mannes, der einen ganzen Kontinent in den Abgrund führte. Er ist ein Zeitzeuge, der zwar nicht zu den Beteiligten gehörte die große Entscheidungen fällten, aber in der Nähe der Entscheidungsträger war. Er ist quasi ein „zufälliger Zeitzeuge", der durch seine Position vor Ort war.

Damit gehört er in eine Reihe mit dem Hausverwalter Döhring, dem Diener Krause, dem Adjutanten Günsche, die alle etwas Licht in das Dunkel um ihren ehemaligen „Chef" bringen können und konnten. Jeder der Genannten kann ein kleines Mosaiksteinchen für das „Gesamtbild Hitler" liefern. Auch der am 8. Februar 1913 in Dülseberg geborene Darges leistet dies, obgleich das Bild immer noch unvollständig ist und noch viele Fragen unbeantwortet sind.

Anekdoten aus der Umgebung des vorletzten Reichskanzlers, Eindrücke von Persönlichkeiten, denen er begegnete, und anderes hat der mit 96 Jahren am 25. Oktober 2009 in Celle verstorbene Darges zu berichten, der 2004 eines seiner letzten Interviews gab.

Dabei muß man natürlich bedenken, daß es sich um eine subjektive Sichtweise handelt, die objektiven, wissenschaftlichen Maßstäben nicht entspricht. Doch ist dies auch nicht der Anspruch der folgenden Seiten. Vielmehr soll ein Einblick aus der unmittelbaren Umgebung des „Führers" gewährt werden, von jemandem, der dabei war und sich nicht auf „Hörensagen" verlassen muß.

Doch lassen wir nun Herrn Darges selbst zu Wort kommen.

Bereits am 6. November 1998 fand ein Vorgespräch zum Filminterview mit Fritz Darges in seinem Haus in Celle statt. Das mehrstündige Interview wurde jedoch erst am 2. September 2004 ebendort durchgeführt. In privater Atmosphäre schildert Fritz Darges seine bisher unveröffentlichten Erlebnisse aus dem unmittelbaren Umfeld Hitlers.

Ausschnitte des Filminterviews finden Sie im Agentur-Meier-zu-Hartum-TV-Kanal:

http://www.youtube.com/user/AgenturMeierzuHartum

***Im Jahre 1934 waren Sie Junker auf der Junkerschule in Bad Tölz. Was können Sie uns darüber erzählen?***

*Bad Tölz war eine Eliteschule, wo der Führernachwuchs der SS ausgebildet werden sollte. Die Junker sollten in Bad Tölz den militärischen Akzent bekommen. Wir fingen an am 1. April, und die Prüfung war kurz vor Weihnachten. Wir unterstanden offiziell dem General von Kochenhausen in der Offiziersschule München. Es gab zwei Offiziersschulen eine in Dresden und eine in München. Die gesamten taktischen Arbeiten und gesamte Ausbildung, die Offiziere in München durchliefen, haben wir auch durchlaufen. Wir bekamen zum Beispiel die gleichen Taktikarbeiten.*

*Beim Examen kamen Generalstabsoffiziere – wir sagten zu denen „die Roten Hosen“ – und brachten die Aufgaben. Allerdings hatten wir zusätzlich noch ein paar Fächer. Weltanschaulich, historisch usw. Die SS hatte zu dieser Zeit noch keine eigenen Ausbilder, die mußten zunächst von der Wehrmacht kommen. Zu einem Teil waren es auch Offiziere aus dem Ersten Weltkrieg, Herbert Gille war so ein Offizier aus dem Ersten Weltkrieg. Und Steiner war Ia bei einer Division in Ostpreußen. Wir hatten in Tölz etwa neunzig Junker in der sogenannten Bergprüfung, also Zwischenprüfung. Nach sechs Monaten fielen gleich dreißig aus. Die verbliebenen sechzig Junker absolvierten die Schule und bestanden die Abschlußprüfung. Das war eine harte Geschichte. Sportlich wurden wir, wie man so sagt, hart rangenommen. Sogar Reitunterricht gehörte mit zur Ausbildung. Unser Sportlehrer kam aus den Vereinigten Staaten und unterrichtete uns in den modernsten Sportarten.*

Die erste Schule dieser Art befand sich in Bad Tölz. Später kamen Einrichtungen in Braunschweig (später Posen), Klagenfurt und Prag hinzu. Der Auswahlprozeß war äußerst streng. Insbesondere mußten die Aufnahmekandidaten ihre Individualität zugunsten der Gemeinschaft zurückstellen. Nach bestandenen Prüfungen konnten die Absolventen jedoch auf eine große Karriere im nationalsozialistischen Deutschland hoffen.

„Ia“ bezeichnet den ersten Generalstabsoffizier.

***Wie ging es dann für Sie nach der Zeit in Bad Tölz weiter?***

*Nach erfolgreichem Abschluß der Junkerschule in Bad Tölz bekleideten wir den Rang eines Standartenoberjunkers und kamen dann im Januar 1935 für kurze Zeit zu einem weiteren praktischen Lehrgang, wie man ihn bei der Truppe hat, nach München-Freimann zu General Felix Steiner. Ein paar Monate später erfolgte die Verteilung auf die einzelnen Abteilungen und Regimenter. Wir haben zu dieser Zeit noch keine Divisionen gehabt. Wir haben nur Standarten gehabt, „DF“ (Der Führer), Germania, Westland.*

Die bis Kriegsausbruch ausgebildeten Führer kamen zu über fünfzig Prozent nicht zu den bewaffneten SS-Einheiten (dafür war ihre Zahl auch zu gering). Aber schon ein Jahr später versetzte man dreiviertel der Absolventen zur stetig anwachsenden Waffen-SS.

Insgesamt durchliefen während der Kriegszeit etwa fünfzehntausend Männer die Ausbildung auf den Junkerschulen. Die letzte Klasse in Bad Tölz ging im Frühjahr 1945 zur SS-Division „Nibelungen“.

## *Wie gestaltete sich Ihre Laufbahn nach der Ausbildung?*

*Es mußte alles mit der Wehrmacht abgestimmt werden, weil wir nicht über ausreichende Truppen verfügten in denen wir tätig werden konnten, zum Beispiel als Kompanieoffizier.*

*Ab Mai 1935 war ich in Arolsen als Zugführer in der II. SS-Standarte „Germania“ eingesetzt.*

Berlin, den 4. April 1936.

Lieber Herr Goebbels!

Haben Sie herzlichen Dank für Ihre liebenswürdigen Wünsche zu meinem Geburtstage und für die herrlichen Blumen, mit denen Sie mich überrascht haben. Ich habe mich über Ihr freundliches Gedenken besonders gefreut und verbleibe mit herzlichen Grüssen an Ihre liebe Gattin und mit Heil Hitler!

Ihre

Emmy Göring

*Später wurden wir dann zu Parteidienststellen versetzt beziehungsweise auch zu Ministerien.*

*1936 erfolgte dann die Versetzung zum Stab Heß, und von da an ging meine Parteibeschäftigung los. Hier geriet ich dann auch ins Blickfeld des mächtigen Reichsleiters Martin Bormann.*

Reichsleiter Bormann, die graue Eminenz im Dritten Reich, trat 1927 in die NSDAP ein, gehörte seit 1928 zum Stab der Obersten SA-Führung und avancierte 1933 zum Stabsleiter beim Hitler-Stellvertreter in der NSDAP, Rudolf Heß. Faktisch kontrollierte er auch das Vermögen von Adolf Hitler und übernahm 1941 nach dem von Hitler nicht autorisierten „Friedensflug" von Heß dessen Aufgaben. Ab dem 12. April 1943 durfte er sich „Sekretär des Führers" nennen. Bormann kontrollierte den Zugang zu Hitler und machte sich zum unverzichtbaren Nomenklator in der Umgebung des Reichskanzlers. Nach dem Freitod des Reichskanzlers versuchte er aus dem Regierungsviertel in Berlin zu flüchten, blieb jedoch jahrzehntelang verschollen. Im Nürnberger Prozeß hatten ihn die Richter in Abwesenheit zum Tode verurteilt. Bei Grabungsarbeiten an der Invalidenbrücke entdeckte man seine sterblichen Überreste und erklärte ihn am 11. April 1973 für tot.

**Was war dort Ihre Aufgabe?**

*Während des Parteitages 1936 in Nürnberg wurde ich auf die Etage des Führers im „Hotel Elefant" in Weimar versetzt und mußte ihm für organisatorische Fragen zur Verfügung stehen. Wenn ich mir das heute vorstelle, ich als junger SS-Führer und direkt daneben der Oberbefehlshaber und Führer. Von da an*

Der Reichsführer-SS
Tgb.Nr.AR/361
W.

den 14. 3.1938

Reichsleiter Martin Bormann, München.

Lieber Martin !

Deinen Brief vom 9.d.Mts., in dem Du um die Abstellung eines neuen Adjutanten bittest, habe ich erhalten. Im Augenblick weiss ich jedoch nicht, welchen Adjutanten ich Dir zur Verfügung stellen könnte.

Da es für Dich nun immerhin wichtig ist, einen guten SS-Führer zu bekommen, schlage ich Dir vor, Darges zunächst noch für 1/2 Jahr zu behalten. Ich werde dann in der Zwischenzeit einen für Dich in Frage kommenden SS-Führer ausfindig machen.

Heil Hitler !
Dein

gez.H.Himmler

2.) SS-Gruppenführer S c h m i t t ,

B e r l i n ,

durchschriftlich mit der Bitte um Kenntnisnahme übersandt. Ich bitte, für den zur Truppe zurückgehenden SS-Obersturmführer Darges um Vorschlag eines neuen Adjutanten.

gez.Himmler

F.d.R.

Brandt
SS-Obersturmführer.

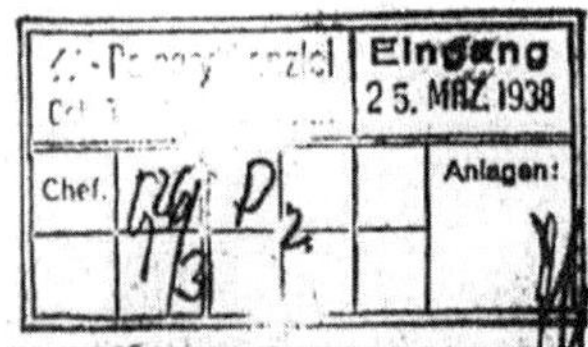

Nationalsozialistische Deutsche Arbeiterpartei

Der Stellvertreter des Führers

Stabsleiter

~~München~~
Braunes Haus
z.Zt.Obersalzberg, den 2.9.1938
Bo./Bm.

An den
Chef der Personalkanzlei,
Herrn SS.-Gruppenführer
S c h m i t t ,

B e r l i n SW 11,
Prinz-Albrecht-Str.9.

Lieber Herr Schmitt!

Auf Ihr Schreiben vom 3o.8.1938 - Schm/Wie - erwidere ich Ihnen umgehend, daß SS.-Obersturmführer Darges bei mir bleiben muß, da ich bis auf weiteres zur ständigen Begleitung des Führers gehöre und Darges keinesfalls entbehren kann. Ich habe mit dem Reichsführer die Angelegenheit durchgesprochen, der meine Gründe billigte und mit dem Verbleiben von Darges bei mir völlig einverstanden war.

Heil Hitler!
I h r

(M.Bormann)

*war ich im Blickfeld Hitlers, der mich immer wieder anforderte, wenn Bedarf bestand.*

Die Nationalsozialisten nutzten ihre Parteitage zur Selbstinszenierung, zur Machtdemonstration nach innen und außen und zur Sichtbarmachung eines neuen Gemeinschaftsgefühls. Erinnert sei hier vor allem an den Film *Triumph des Willens* (D 1935) von Leni Riefenstahl, in dem, bis auf Adolf Hitler, die Menschen meist nur in Blöcken gezeigt wurden. Damit sollte die Uniformität des „neuen" Deutschlands unterstrichen werden, wo Individualität erst akzeptiert wurde, wenn der Einzelne zuvörderst seiner größeren Verantwortung für die Gemeinschaft gerecht geworden war.

Ihren ersten Parteitag hielt die NSDAP 1923 in München ab. Nach dem auch despektierlich als „Hitler-Putsch" – dem von den Ordnungskräften blutig beendeten „Marsch auf die Feldherrnhalle" – verboten, veranstaltete die Partei nach ihrer Wiederzulassung 1926 ihr Jahrestreffen in Weimar und ab 1927 in Nürnberg. Damit sollte eine Verbindung zu den mittelalterlichen Reichstagen geschaffen werden; die Nationalsozialisten waren bemüht, geschichtliche Vorbilder zu finden, an die sie anknüpfen konnten, um den Eindruck zu verstärken, daß sie sich in eine weit zurückreichende Tradition einreihten und mithin am Kulminationspunkt deutscher Geschichte stünden.

Erst nach der Regierungsübernahme etablierten sich diese „Festtage" jährlich im deutschen Kalender. Anfang September zelebrierten die Nationalsozialisten ihre Veranstaltung unter immer neuen Motti: 1933 stand unter dem Motto „Sieg des Glaubens", 1934 lautete die Losung „Triumph des Willens" (hier entstand auch der gleichnamige Riefenstahl-Film), dem folgte 1935 der „Reichsparteitag der Freiheit", 1936 kam der „Reichsparteitag der Ehre", 1937 der „Reichsparteitag der Arbeit" und 1938 schließlich der „Reichsparteitag Großdeutschland“. Der für 1939 geplante Reichsparteitag hatte unter dem Motto „Reichsparteitag des Friedens“ stehen sollen, da die nichtkriegerische Befreiung von den als erdrückend empfundenen Bestimmungen des „Vertrages von Versailles“ (1919) gefeiert werden sollte, wodurch das Deutsche Reich friedlich und aus eigener Kraft wieder in die Reihen der europäischen Großmächte aufgestiegen war. Doch aufgrund der Kriegserklärungen Großbritanniens und Frankreichs mußte dieser Reichsparteitag ausfallen.

Zentrale Persönlichkeit der Reichsparteitage war stets die Person Adolf Hitlers. Er sollte als Projektionsgestalt für die Hoffnungen und Wünsche der Teilnehmer dienen, die gekommen war, um Deutschland zu retten. Dabei konnte der Reichskanzler sein von Freund wie Feind anerkanntes Redetalent und seine Fähigkeit zur Selbstdarstellung nutzen. Doch unterschied sich der öffentliche Hitler durchaus von dem privaten Hitler, wie zahllose Zeitzeugen übereinstimmend berichten.

## *Was war Ihr erster Eindruck von Adolf Hitler?*

*Er hatte helle Augen, und man hatte den Eindruck, er durchleuchtet einen. Auch an seinen freien Blick erinnere ich mich, nicht ernst und verbissen. Auch seine Sprache war anders als das, was man heute im Fernsehen sieht. Nicht so hysterisch, hell und blechern. Ich weiß nicht, ob man das heute bewußt so macht?*

In der Öffentlichkeit legte die Propaganda großen Wert darauf, Hitler als Symbol für eine nationale Erneuerung aufzubauen. Dieser „Führerkult“ entwickelte sich im Laufe der 1920er Jahre und wurde zum Dreh- und Angelpunkt des Nationalsozialismus.

Alles war auf die Person Hitler zugeschnitten: seine öffentlichen Auftritte, seine Reden, das Auditorium etc. Nach der Regierungsübernahme 1933 hielt Hitler große Macht in Händen. Er selber glaubte, von der „Vorsehung" an die Spitze des Deutschen Reiches gestellt worden zu sein und war in Ausübung der Staatsgeschäfte von großem Ernst erfüllt. Demgegenüber erlebten die engsten Vertrauten auch „einen anderen Führer". Viele Untergebene beschreiben ihren ehemaligen „Chef" als freundlich, galant und zuvorkommend. Aber er konnte auch aufbrausend, unversöhnlich und jähzornig sein.

**_Wie konnten Sie sich im Umfeld des Kanzlers etablieren?_**

*Ich bin 1940 an die Stelle von Max Wünsche getreten, denn der hatte Unstimmigkeiten mit dem Senioradjutanten Brückner. Beide wurden zur Truppe versetzt. Daraufhin wurde ich dann vom Regiment „DF" (Der Führer) nach Berlin beordert. Und nun ging die ganze Geschichte los.*

*Man war nicht frech, sondern gut erzogen, hatte aber durchaus keine Angst vor Fürstenthronen. Ich muß sagen, wir hatten in Tölz einen fabelhaften Kommandeur, Oberst Letto. Der war Kommandeur der Polizei-Offiziersschule Potsdam gewesen. Ein hervorragender Offizier, ein echtes Vorbild. Das hat uns allen gut getan.*

Max Wünsche, geboren am 20. April 1914 in Kittlitz bei Löbau, war von 1938 bis 1940 als Ordonnanzoffizier bei Hitler. Später kommandierte er u. a. die 12. SS-Panzerdivision „Hitlerjugend" und erhielt vom Reichskanzler eine Dotation von zehntausend Reichsmark. Er verstarb am 17. April 1991 in München.

Der ältere Wilhelm Brückner konnte eine ähnliche Laufbahn aufweisen. Er kam am 11. Dezember 1884 in Baden-Baden zur Welt und diente nach dem Ersten Weltkrieg im „Freikorps Epp". 1923 trat er in die NSDAP ein, nahm am „Marsch auf die Feldherrnhalle" teil und war von 1930 bis 1940 Chefadjutant bei Adolf Hitler. Darüber hinaus hatte er seit 1936 ein Mandat als Reichstagsabgeordneter und rückte später an die Front ab. Brückner überlebte den Zweiten Weltkrieg und verstarb am 20. August 1954 in Herbsdorf.

### *Was meinten Sie damit, daß Sie in das Blickfeld von Bormann gerieten?*

*Für meinen Dienst während des Reichsparteitages in Nürnberg erhielt ich als Geschenk einen Besuch der Wagner-Festspiele in Bayreuth und da hat mich der Reichsleiter „kassiert" und Ende 1936 zu seinem Adjutanten gemacht. Da Bormann sich immer im Umfeld von Hitler aufhielt, befand ich mich nun auch in der Nähe des Reichskanzlers. Aber zuerst ohne direkte Aufgabe von Adolf Hitler – aber ich war auch direkt am Obersalzberg untergebracht.*

Richard Wagner war der bevorzugte Komponist von Adolf Hitler. Schon vor der Regierungsübernahme 1933 war er häufig zu Gast in Bayreuth, wo seit 1876 die Opern Wagners im extra dafür gebauten Festspielhaus aufgeführt werden. Zentrales Thema in den Stücken ist die germanische Mythologie, an die sich auch die Nationalsozialisten oft anlehnten. Über die Jahre hinweg ent-

Nationalsozialistische Deutsche Arbeiterpartei

451

Der Stellvertreter des Führers
Stabsleiter

München, den 22. April 1938
Braunes Haus
Da/Fu.

Adjutant

An den
Chef der SS.-Personalkanzlei
SS.-Gruppenführer Schmitt,

Berlin SW.11
Prinz-Albrecht-Str.8

Betrifft: Führerausweis

Sie erhalten anbei drei Passbilder zur Ausstellung des Führerausweises für Herrn Reichsleiter SS.-Gruppenführer M. Bormann.

Heil Hitler!

Darges

(Darges)

Anlagen
EINSCHREIBEN!

stand ein enger Kontakt zwischen Hitler und der NS-Prominenz und der Familie Wagner. Auch nach Kriegsende hielt vor allem Winifred Wagner immer noch zum ehemaligen Reichskanzler. Heute ist Bayreuth nach wie vor ein kultureller Anziehungspunkt für die High-Society. Zu den jährlichen Besuchern gehören Persönlichkeiten aus Politik, Wirtschaft und Gesellschaft.

### *Sie waren auch in Berchtesgaden in Hitlers Alpendomizil eingesetzt?*

*Als ich bei Bormann Adjutant war, hatte er dort nicht nur sein eigenes Haus, sondern eine eigene kleine Dienststelle. In dieser Dienststelle, dem „Haus Hoher Göll“, waren auch zwei Sekretärinnen tätig. In dieser Dienststelle hatte ich mein Zimmer. Denn im „Berghof“ konnten wir natürlich nicht wohnen, aber wir waren nur etwa hundert Meter vom „Berghof“ entfernt untergebracht. Reichsleiter Bormann war der uneingeschränkte Herrscher auf dem Obersalzberg, der die umfangreichen Baumaßnahmen eingeleitet hat und auch über die finanziellen Mittel verfügte, so zum Beispiel durch die „Adolf-Hitler-Spende der deutschen Wirtschaft“.*

*Noch im Frieden 1937, da muß es gewesen sein, war Adolf Hitler Gast auf dem „Hügel“ in Essen. Dort befindet sich die Villa der weltberühmten Familie Krupp. In deren „Villa Hügel“ fanden wichtige Verhandlungen statt, bei denen es um finanzielle Angelegenheiten ging. Diese vertrauliche Besprechung wurde während eines ausgedehnten Essens durchgeführt, an dem auch ich als Adjutant Bormanns teilgenommen habe. Bertha Krupp, ihr Mann Gustav Krupp von Bohlen und Halbach, Hitler, Bormann und Dr. Gerhard Klopfer, Jurist und Ministerialdirektor in der Parteikanzlei, berieten über Einzelheiten der „Adolf-Hitler-Spende der deutschen Wirtschaft“ und andere finanzielle Angelegenheiten.*

*In Essen wohnte ich unterhalb der Villa direkt an der Ruhr, während Hitler, Bormann und die beiden Adjutanten Julius Schaub und Heinz Linge in der „Villa Hügel“ untergebracht waren.*

Seit dem Jahre 1923 besuchte Hitler regelmäßig die Gegend um Berchtesgaden. Im Jahr 1928 mietete er das „Haus Wachenfeld“. Später erwarb er das Gebäude und begann nach der Regierungsübernahme das Areal und die Wohnstätte zu erweitern. Dabei schreckte der umtriebige Sekretär Bormann auch nicht davor zurück, mit Druck und Drohungen die nicht verkaufswilligen umliegenden Bauern zum Verkauf zu zwingen. Am Ende erreichte das Gelände eine Größe von mehr als eintausend Hektar und entwickelte sich zum zweiten Regierungssitz Hitlers.

Da sich der Regierungschef lange Zeit dort aufhielt und so der offizielle Amtssitz in Berlin verwaist war, schuf man auch die sogenannte „Kleine Reichskanzlei“, um den administrativen Betrieb aufrechtzuerhalten. Auch andere Größen des Dritten Reiches hatten in der Umgebung des Obersalzberges Unterkünfte. Dazu gehörten u. a. Göring, Goebbels, Speer und Bormann.

Letzterer verwaltete auch das Vermögen Hitlers, das auch die erwähnte „Adolf-Hitler-Spende der deutschen Wirtschaft“ umfaßte. Diese wurde 1933 auf Initiative des Vorsitzenden des Reichsverbandes der deutschen Industrie, Gustav Krupp von Bohlen und Halbach, ins Leben gerufen. Die Richtsumme des jährlichen Spendenaufrufes sollte fünf Tausendstel der 1932 gezahlten Betriebslöhne betragen. Bis Kriegsende kamen so fast 700 Millionen Reichsmark zusammen, die zwar auch an einzelne Organisationen der NSDAP gingen, jedoch zum größten Teil als „Privatfond“ für Hitler dienten. Davon bezahlte er Grundbesitz, Kunstgegenstände, Unterstützungen oder Dotationen.

## *Wie war das Verhalten von Bormann Ihnen gegenüber?*

*Er hat mich irgendwie gemocht, sonst hätte er mich nicht gleich zu seinem Adjutanten gemacht. Reichsleiter Bormann war ein rabiater und strenger Chef. Wir haben uns einmal angeblafft, da waren wir in der Dienststelle in Berlin, und Bormann hat zu mir gesagt: „Darges, melden Sie sich sofort beim Reichsführer!“ Dann ging ich zum Reichsführer und meldete mich. Da sagte Heinrich Himmler: „Ach, Darges, mußte das sein? Ich war so froh daß Sie Adjutant beim Reichsleiter Bormann waren, weil Sie gut mit ihm umgehen konnten. Bormann ist für uns ein wichtiger Mann, aber für uns nicht einfach zu ‚verarzten‘.“*

*Aber auf der anderen Seite hätte der Reichsleiter mich nicht immer wieder in diese Position gebracht, wenn er mir nicht vertraut hätte. Aber mit dem Beginn des Westfeldzuges bin ich dann nicht mehr bei Bormann gewesen.*

Der in Wegeleben bei Halberstadt geborene spätere Leiter der Parteikanzlei galt als skrupellos. Als Sohn eines Postbeamten auf die Welt gekommen, stand er 1924 gemeinsam mit Rudolf Höß (dem späteren Kommandanten des Konzentrationslagers Auschwitz) wegen Beteiligung an einem Fememord vor dem

Reichsgericht in Leipzig. Das Urteil lautete auf ein Jahr Haft. Im Jahre 1929 heiratete Bormann Gerda Buch, die Tochter des obersten Parteirichters. Hitler und Heß waren die Trauzeugen. Je mehr Macht Bormann an sich zog, desto skeptischer wurde er auch von anderen Größen des Dritten Reichs beäugt. Im engen Kreis um Hitler herrschten unter der Oberfläche Machtkämpfe und Intrigen, wobei die Beteiligten jedoch stets darauf achteten, dem Reichskanzler gegenüber selber in einem guten Licht dazustehen. Bormann und Goebbels intrigierten so zum Beispiel im April 1945 gegen den Reichsmarschall Hermann Göring, der vom Obersalzberg aus die Macht im Reich übernehmen wollte, falls die Verbindung zu Hitler in Berlin abreißen würde.

***In Berchtesgaden waren Sie quasi im Zentrum der Macht. Wie gestaltete sich Ihre Arbeit?***

*Die Adjutantur bestand aus einer persönlichen und einer militärischen Adjutantur Hitlers. In der militärischen war General Schmundt, der beim Attentat im Juli 1944 tödlich verwundet worden ist. Zu den persönlichen Adjutanten zählten die Senioren, die schon seit 1923 dabei waren, wie Brückner und Schaub. Die gehörten mit zu den Parteigründern und standen dem Führer immer zur Verfügung. Und wir von der Waffen-SS waren so eine Art „Junior-Adjutanten“.*

*Zu den Lagebesprechungen war kein Zivilist zugelassen. Wir „Junior-Adjutanten“ von der Waffen-SS hatten nicht nur Zutritt, sondern auch Aufgaben zu erfüllen. Schaub, Brückner und auch Himmler sind nie bei der Lagebesprechung erschienen.*

*Am Berghof wurde 1937 der Staatsbesuch beim italienischen König – nicht bei Mussolini, sondern beim König! – geplant. Ich nehme an, daß die Damen Eva und Gretl Braun den Führer in netter Art bearbeitet haben. Wer die Dinge dann weiterverfolgt hat, weiß ich nicht, vermutlich Martin Bormann, weil er auch das notwendige Geld hatte.*

*Dann sollte Eva Braun mit Schwester und einigen Hofdamen parallel zu der offiziellen Reise mit nach Rom fahren, ohne dabei in Erscheinung zu treten. Für diesen Spezialauftrag wurde ein Reisemarschall gesucht, und der wurde nicht aus München oder sonstwo hergeholt, sondern Bormann hat gesagt: „Mein Führer, den Fritz Darges kennen Sie ja bereits, das ist der richtige Mann für diese Aufgabe!"*

*Daraufhin hat mich Hitler gefragt, ob ich mir das zutrauen würde. Das war doch eine delikate Geschichte, wenn man sich das heute vorstellt: Ich junger Spund donnerte mit zwei Mercedes-Cabriolets nach Italien. Wir haben alles, was kulturell möglich war, mitgenommen, unter anderem auch den historischen Ort Pompeji. Am weitesten im Süden gelegen war die Insel Capri. Dort haben wir im weltberühmten „Hotel Quisisana" gewohnt.*

Rudolf Schmundt bekleidete ab 1939 den Posten des Chefadjutanten der Wehrmacht bei Hitler und war ab 1942 zusätzlich Chef des Heerespersonalwesens. Der am 13. August 1896 in Metz Geborene wurde beim Attentat vom 20. Juli schwer verwundet und starb am 1. Oktober an den Folgen seiner Verletzungen. SS-Obergruppenführer Julius Schaub trat bereits 1920 der NSDAP bei (Mitgliedsnummer 81) und war Mitbegründer der SS (SS-

Nummer 7). Der im Jahr 1898 in München geborene Drogist gehörte zu den Teilnehmern des „Hitler-Putsches" und war ab 1933 der persönliche Adjutant des „Führers" sowie ab 1936 Mitglied des Reichstages. Er starb am 27. Dezember 1967 in München.

Italien galt als faschistisches Musterland. Benito Mussolini wurde nach dem „Marsch auf Rom" seiner Schwarzhemden vom italienischen König Viktor Emanuel III. zum Ministerpräsidenten ernannt, der im Laufe der nächsten Jahre eine Diktatur errichtete. Hitler sah im „Duce" Mussolini zu Beginn seines politischen Aufstieges ein Vorbild, allerdings weigerte sich Mussolini, der NSDAP zu helfen, als diese vor der Regierungsübernahme in Italien um Unterstützung anfragte. Vor allem die „Österreichfrage" brachte den italienischen Faschismus und den deutschen Nationalsozialismus in Gegnerschaft, doch die aggressive Außenpolitik des südlichen Landes sorgte bald für dessen politischer und wirtschaftlicher Isolation, und für Mussolini drängte sich eine Annäherung an das Deutsche Reich auf.

Im Spanischen Bürgerkrieg (1936–39) kämpften beide Nationen auf seiten Francos – wenngleich der deutsche Beitrag erheblich stärker ins Gewicht fiel –, sie gehörten beide zu den Unterzeichnern des Anti-Komintern-Paktes, und Italien trat am 10. Juni 1940 auf seiten Deutschlands in den Krieg ein. Doch der Kriegsverlauf und die wirtschaftliche Not im Heimatland führten schließlich zum Sturz des Faschismus. Nach einem kurzen Intermezzo als Staatschef der Republik von Salò erschossen kommunistische Partisanen Mussolini am 28. April 1945.

## *Was waren Ihre Aufgaben als „Reisemarschall"?*

*Natürlich habe ich mir große Mühe gegeben, meinen Spezialauftrag bestens zu erfüllen. Ich habe meinen Freund Walter*

*Hewel* [Botschafter z. b. V.] *gebeten, mir bei der Hotelbeschaffung zum Beispiel in Rom behilflich zu sein. In Rom konnte man nur ein besonderes Hotelzimmer bekommen, wenn man an die „große Glocke" ging.*

*Außer uns war Prof. Theodor Morell der einzige männliche Begleiter während dieser Reisen. Es war von Vorteil, einen ärztlichen Begleiter dabei zu haben. Darüber hinaus sprach Morell auch Französisch und Italienisch. Wir haben seine ärztliche Kunst glücklicherweise nie in Anspruch nehmen müssen, aber es war beruhigend, ihn zu unserer Verfügung zu wissen.*

*Bei unserer Rückkehr nach Berchtesgaden galt es noch eine letzte Klippe zu umschiffen, und das war der Grenzübergang von Italien nach Deutschland. Damals gab es noch keine großen Erleichterungen, da mußte Zoll bezahlt werden. Denn die beiden Autos bogen sich, weil die beiden Damen Seide und alles Mögliche eingekauft hatten. Mit Hilfe von Walter Hewel habe ich die Grenzer dann endlich weichgekocht, und wir kamen mittags in Berchtesgaden an.*

Walter Hewel bekleidete ab dem Jahr 1942 den Rang eines SS-Brigadeführers und war beim „Marsch auf die Feldherrnhalle" 1923 Fahnenträger des „Stoßtrupps Hitler". Der am 15. März 1904 in Köln Geborene war ab 1938 Legationsrat 1. Klasse im Auswärtigen Amt. Hinzu kam der Posten als „Ständiger Beauftragter des Reichsaußenministers im Führerhauptquartier", was ihn quasi zum Verbindungsoffizier von Joachim von Ribbentrop, dem Reichsaußenminister, machte. Ab 1943 war Hewel Botschafter zur besonderen Verwendung. Er war auch bei Kriegsende in Hitlers Bunker und versuchte nach dessen Suizid aus dem eingeschlossenen Regierungsviertel zu fliehen. Walter Hewel ging am 2. Mai 1945 in Berlin in den Freitod.

***Es gab in diesem Zusammenhang doch noch ein besonderes Ereignis, nicht wahr?***

*Zu dieser Zeit wohnte ich im Gästehaus „Hoher Göll“, da kam abends der Anruf vom „Berghof“. Diener Linge rief mich an und sagte: „Hauptsturmführer, der Führer erwartet Sie zum Abendessen.“ Das war die offizielle Einführung in den inneren Kreis.*

***Waren Sie nochmals unterwegs mit Hitler und Eva Braun?***

*Ja, mehrfach. Einmal in Venedig einige Tage, in dem märchenhaft schönen Hotel „Bauer Grünwald“ am Canale Grande. Zwei oder drei besondere Reisen habe ich mitgemacht. Bei kleineren Reisen genügte es, wenn Prof. Morell als männlicher Schutzpatron mitfuhr.*

Theodor Morell, geboren am 22. Juni 1886 in Trais-Münzenberg, avancierte im Laufe der Jahre zu Hitlers bevorzugtem Leibarzt. Im Jahr 1918 eröffnete eine Praxis für Elektrotherapie und Urologie in Berlin und trat 1933 in die NSDAP ein. Durch die Behandlung von Hitlers Leibfotografen Heinrich Hoffmann kam er in Kontakt zum Reichskanzler und wurde 1936 zu dessen Leibarzt. Dabei stand Morell häufig in der Kritik seiner Kollegen, die seine Methoden für fragwürdig hielten. Er verabreichte Hitler viele Aufputsch- und Beruhigungsmittel, die allerdings nur die

Symptome der Leiden des Patienten milderten, nicht jedoch die eigentliche Ursache heilten.

***Heute gibt es Vermutungen, Morell sei ein Moskauer Spion gewesen und hätte Hitler vergiftet. Wie stehen Sie dazu?***

*Also nein, dafür lasse ich mich enthaupten. Dafür war er viel zu feige. Er war auf Geld aus und darauf, als Professor geehrt zu werden. Auf seinen akademischen Titel war er stolz. Dann hat er ja auch noch die Verantwortung gegenüber dem Staatsoberhaupt gehabt.*

***Sein Hauptanliegen war also Geld?***

*Er hatte ein Läusepulver erfunden, das dann an die Truppe geliefert wurde. Dadurch hat er ordentlich verdient und gewisse Reichtümer erwerben können.*

*Und noch eins, das sollte man wissen: Die Alliierten haben Prof. Brandt und Morell in eine Bude gesperrt. Und ich weiß, daß Prof. Brandt Morell gepflegt hat, weil Morell bei dieser Geschichte menschlich total zusammengebrochen war.*

Karl Brandt, geboren am 8. Januar 1904 in Mühlhausen im Elsaß, war der ranghöchste NS-Mediziner. Er war Chirurg in der Klinik „Bergmannsheil“ in Bochum und stieß 1932 zur NSDAP. Ein Jahr später trat er überdies der SA und noch ein Jahr darauf der SS bei. Ab 1934 war Brandt Hitlers Begleitarzt (als Chirurg) und war 1939 neben Philipp Bouhler Euthanasiebevollmächtigter. Hinzu kamen im Laufe der Jahre noch weitere Posten: Am 28. Juli Bevollmächtigter für das Sanitäts- und Gesundheitswesen, ab April 1944 Generalkommissar für Kampfstoff-Fragen, ab dem 25. August 1944 Reichskommissar für das Sanitäts- und Gesundheitswesen. Im Oktober 1944 endete seine Karriere im Umfeld Hitlers. Brandt hatte Morell offen kritisiert, was der Reichskanzler nicht duldete. Nach dem Krieg klagte man Brandt im Nürnberger Ärzteprozeß an. Am 20. August erging das Todesurteil gegen ihn. Am 2. Juni vollstreckte man es in Landsberg.

### *Wußten Sie, daß Eva Braun die Geliebte des „Führers" war?*

*Das war praktisch nur am Obersalzberg bekannt. Es hat sich herausgestellt, daß sogar neunzig Prozent der Leute in Berchtesgaden gar nicht wußten, daß Eva Braun da oben ist.*

Eva Braun lernte Adolf Hitler 1929 kennen, als sie im Fotogeschäft von Hitlers Leibfotografen Hoffmann arbeitete. Die im Jahre 1912 geborene Eva fühlte sich von Anfang an zu dem älteren Hitler hingezogen. Obwohl es ihr materiell an nichts mangelte, kann sie nicht rundum glücklich gewesen sein, denn sie unternahm zwei Selbstmordversuche und galt viele Jahre als naive Persönlichkeit. Sie ging 1945 zu Hitler in den Berliner Bunker und blieb trotz seiner Aufforderung, sie solle die Reichshauptstadt verlassen, bei ihm. Am 30. April 1945 heiratete Hitler seine langjährige Geliebte, die so verwirrt war, daß sie die Heiratsurkunde fast mit ihrem Mädchennamen „Braun" und nicht mit „Hitler" unterschrieben hätte. Wenig später ging das frisch getraute Paar gemeinsam in den Freitod.

## *Also war Eva Braun quasi ein Staatsgeheimnis?*

*Wenn jemand gefragt hat, haben wir gesagt, das ist intim, das ist Sache des Führers.*

Offiziell war Eva Braun eine der Privatsekretärinnen von Adolf Hitler, allerdings galt es für den engsten Kreis auf dem Obersalzberg als offenes Geheimnis, daß zwischen Eva Braun und dem Reichskanzler mehr war. Ein untrügliches Indiz dafür war unter anderem, daß ihre Zimmer unmittelbar nebeneinander lagen und mit einer Zwischentür verbunden waren.

Hitler legte jedoch größten Wert darauf, keine Zärtlichkeiten vor Zeugen auszutauschen – lediglich zum Ende 1945 in Berlin küßte er Eva vor versammelter Mannschaft im Bunker.

Hauptsächlich hielt sich Eva Braun auf dem Obersalzberg auf, allerdings mußte sie sich, wenn sich Besuch ankündigte, im Hintergrund halten.

## *Die Verbindung muß doch aufgefallen sein?*

*Heinrich Hoffmann und etliche enge Freunde sind vor 1933 oft an Wochenenden nach Berchtesgaden gefahren. Hoffmann hat Eva Braun dorthin mitgenommen, damit die Männerrunde mal aufgelockert wurde. Das ist eine ganz natürliche Geschichte, aber heute bauscht man das auf.*

Eva Braun gab sich als Gesellschaftsdame auf dem Obersalzberg und sorgte für Abwechslung vom alltäglichen Trott. Hitler bevorzugte immer den gleichen Tagesablauf, der meist mit Monologen zu unterschiedlichen Themen endete. Die „Geliebte des Führers“

durchbrach in Hitlers Abwesenheit dieses Schema, indem sie Tanzabende, Ausflüge, Sportereignisse und Reisen organisierte.

***Wie würden Sie Eva Braun charakterisieren?***

*Sehr freundlich, hilfsbereit, höflich, kinderlieb, interessiert.*

***An was für Erlebnisse erinnern Sie sich in Zusammenhang mit Eva Braun?***

*Durch meine Tätigkeit als „Reisemarschall" habe ich mir das volle Vertrauen von Eva Braun erworben. Sonst wäre ich auch nie in die enge „Berghof"-Gesellschaft aufgenommen worden.*

*1937 war Eva Braun mit ihrer Schwester und einigen Freundinnen in München. Sie luden Botschafter Hewel und mich zur Operette* Die Fledermaus *ein. Nach der Aufführung begaben wir uns in Eva Brauns Haus in der Wasserburger Straße. Dort war bereits ein Buffet vorbereitet worden. Diese Einladung war für mich schon eine tolle Auszeichnung.*

*Bei dieser Gelegenheit sprach mich Eva Braun an: „Herr Darges, man spricht davon, daß Sie gute Cocktails mixen können. Bitte treten Sie mal in Aktion." Da habe ich gesagt: „Dazu muß ich aber wissen, was Sie an alkoholischen Getränken bevorraten und wo sich die weiteren Ingredienzien befinden." Dann stieg ich ab in einen Keller, der schön kühl war, und dort habe ich einen speziellen Cocktail gemixt, der so gut angekommen ist, daß er extra in Eva Brauns Gästebuch eingetragen wurde. Und später auf dem „Berghof“ haben sich die Damen diesen Cocktail dann selbst gemixt.*

*Und bei dieser Gelegenheit um null Uhr ging Eva Braun ans Telefon. Am anderen Ende war Adolf Hitler, der alle guten Wünsche für das neue Jahr übermittelte. Als Eva Braun mit dem Gespräch fertig war, gab Sie uns das Telefon und forderte uns auf, den Führer anzurufen und ihm alles Gute für das neue Jahr zu wünschen. Wenn man sich das vorstellt. Da gibt es Minister usw., die kommen im entferntesten nicht in diese Verlegenheit.*

***Man erzählt sich, Sie seien fast der „Schwager des Führers“ geworden?***

*Im „Berghof“ kam nicht immer eine große Gesellschaft zusammen, aber oft wurden neue Filme vorgeführt. Der Führer war auch nicht immer in der Großen Halle am Kamin dabei. Aber ich erinnere mich an einen bestimmten Abend im „Berghof“ in einem kleineren Kreis, da waren die Sekretärinnen und einige militärische Adjutanten beisammen. Irgend jemand hatte gesagt: „Gretl Braun, das wäre doch die richtige Partie für dich.“ Und ich leistete mir die freche Bemerkung: „Ich lege keinen Wert darauf, Schwager des Führers zu werden.“ Als diese Worte gerade meinem Munde entfleucht waren, hatte ich sogleich das Gefühl, ich hätte mich schlecht benommen. Ich weiß nicht, ob man Gretl oder Eva Braun das kolportiert hat. Jedenfalls habe ich an deren Verhalten mir gegenüber nichts bemerkt, und es ist ja im übrigen auch keine Beleidigung gewesen.*

Zum inoffiziellen „Schwager des Führers“ avancierte schließlich der SS-General Hermann Fegelein, der 1944 Gretl Braun heiratete. Er kam am 30. Oktober 1906 in Ansbach auf die Welt und war vor dem Krieg Mitglied der Reiter-SS. Als Brigadeführer kommandierte er bis Mai 1942 eine nach ihm benannte Reiterbrigade, aus der später die 8. SS-Kavallerie-Division „Florian Geyer“ hervorging. Fegelein kommandierte diese Division selbst von April 1943 bis März 1944. Nach einer Verwundung war der Offizier Verbindungsoffizier im Führerhauptquartier und hielt sich 1945 zusammen mit Hitler in dessen Bunker in Berlin auf. Als der „Führer“ von der Kontaktaufnahme Heinrich Himmlers mit den westlichen Alliierten erfuhr, sollte Fegelein Hitler dazu Bericht erstatten. Dieser befand sich jedoch nicht im Bunker und wurde später in Zivil, betrunken und mit Devisen in einer Wohnung angetroffen. Der Vorwurf lautete daraufhin „Fahnenflucht“, weshalb Fegelein am 28. April auf dem Gelände der Reichskanzlei erschossen wurde.

***Haben Sie Kontakt zu wichtigen Persönlichkeiten auf dem Obersalzberg gehabt?***

*Adjutanten hatten die Aufgabe, das Tagesprogramm richtig aufzustellen, praktisch immer dazusein und das Bindeglied zwischen Außen- und Innenbetrieb zu sein. Ich habe dadurch viele Persönlichkeiten kennengelernt. Mit Reichsminister Todt bin ich einmal eine Trasse zum Kehlstein abgelaufen, Albert Speer ist häufig dagewesen, um nur einige zu nennen, aber um jemanden genau beurteilen zu können, muß man* richtig *mit ihm sprechen.*

Das Kehlsteinhaus gilt als eines der spektakulärsten Bauwerke auf dem Gebiet des Obersalzberges. Die Idee zu diesem Gebäude stammte von Martin Bormann. Heute existiert das Bauwerk noch immer und kostete etwa 30 Millionen Reichsmark. Hitler, der dort nur selten war, erreichte das Kehlsteinhaus über eine extra dafür angelegte Asphaltstraße (Bauzeit etwa zwei Jahre), die an einem Parkplatz endete, von dem man einen über 120 Meter langen Gang begehen konnte, der in eine Kuppelhalle mündete. Von dort brachte ein Fahrstuhl die Gäste 120 Meter senkrecht hinauf direkt ins Kehlsteinhaus. Vor allem Eva Braun nutzte das „Kehlsteinhaus“ – oder „Eagle’s Nest“, wie es die Amerikaner nach der Besetzung nennen sollten – und zog sich oft mit ihren Freundinnen und Freunden hierhin zurück. Auch der „Bauherr“, Martin Bormann, war hier häufig zu finden.

## *Wie war der „Berghof“ am Obersalzberg aufgeteilt?*

*Im „Berghof“ gab es einen Flügel für das Personal und einen anderen Flügel für die Adjutanten und Sekretärinnen. Glücklicherweise waren zu keinem Zeitpunkt alle Angestellten, Adjutanten und Sekretärinnen auf einmal da, sonst hätte man sich auf den Füßen gestanden.*

Aus dem „Haus Wachenfeld“ wurde durch mehrere Umbauten über die Jahre schließlich der repräsentative „Berghof“. Das Erdgeschoß umfaßte: die Freitreppe, die Terrasse, auf der die SS-Ehrenformation antrat, die bogenförmige Außengalerie, die Eingangshalle/Flur/Treppenhaus, den Konferenzsaal und das Wohnzimmer, einen offenen Kamin, einen Wintergarten, den Speisesaal mit einem Erker, ein Heimkino, einen Zugang zum Fuhrpark in der Garage, eine große Terrasse auf dem Dach der

Nationalsozialistische Deutsche Arbeiterpartei

Der Stellvertreter des Führers

Stabsleiter

München, den 3. Januar 1940
Braunes Haus

Dienstleistungszeugnis.

SS-Obersturmführer Fritz Darges war vom 1.VII. 1936 bis 31.X.1939 zur Dienstleistung in den Stab des Stellvertreters des Führers kommandiert.

Er war zunächst mit Arbeiten zur Vorbereitung des Reichsparteitages beschäftigt. Vom 16.IX.1936 bis zur Beendigung seiner Kommandierung war er als mein persönlicher Adjutant tätig.

In dieser Eigenschaft hat er mich bei allen dienstlichen Anlässen, insbesondere bei meinen Reisen im Stabe des Führers, begleitet und die in diesem Zusammenhang anfallenden Adjutantengeschäfte erledigt.

Er hat seine Obliegenheiten, insbesondere auch verschiedene Sonderaufträge des Führers, stets mit hervorragendem Geschick und feinem Takt erfüllt.

Immer zeichnete er sich durch ein gewandtes und sicheres, dabei aber stets soldatisch straffes Auftreten aus.

- / -

Allgemein hörte ich seine vorbildliche Kameradschaftlichkeit und seine frische, offene Art im persönlichen Verkehr loben.

Ich habe ihn in der langen Zeit seiner Tätigkeit bei mir als charakterlich in jeder Beziehung einwandfreien und weltanschaulich absolut gefestigten Menschen kennen und schätzen gelernt.

Reichsleiter M. Bormann
SS-Gruppenführer.

Garage, eine Küche und ein kleines Wohnzimmer. Hinzu kamen im ersten Stock Hitlers Arbeitszimmer (mit Balkon) und Hitlers Schlafzimmer, nebenan, dazwischen lediglich das Badezimmer des Reichskanzlers. Mit einer Verbindung zwischen den Räumen lagen das Bade- und Schlafzimmer von Eva Braun. Darüber hinaus gehörten die Wohnung des Hausverwalters, die Zimmer des Personals und das Zimmer der persönlichen Ordonnanz ebenfalls zum „Berghof".

***Der Hausverwalter Döhring hat mit seiner Frau ja ebenfalls auf dem Berghof gewohnt. Können Sie sich an ihn erinnern?***

*Die Familie Döhring hatte die Hausmeisterwohnung im Obergeschoß des Anbaus mit dem markanten Erker bezogen. An Herbert Döhring kann ich mich noch gut erinnern, er war ebenfalls Waffen-SS-Angehöriger. Ich weiß leider nicht mehr, wo er im Krieg eingesetzt war. Besonders seine Frau Anna war wegen ihrer Kochkünste sehr geschätzt. Im Dienst hatten wir Adjutanten mit dem Personal nichts zu tun.*

Von 1935 bis 1943 war Herbert Döhring Hausverwalter des „Berghofes". Er gehörte, wie die anderen Personen aus dem Umfeld Hitlers, zu den wichtigsten Augen- und Ohrenzeugen, die ihren „Chef" aus nächster Nähe trafen und mehr über seine Art berichten können. Als 22jähriger kam der Ostpreuße zur Schutztruppe, und bereits ein Jahr später in den persönlichen Dienst Hitlers. Das erste persönliche Treffen fand 1936 vor dem Gästehaus „Hoher Göll" statt, wo Hitler während der Umbaumaßnahmen des „Berghofes" wohnte. Im „Berghof" heiratete Döhring 1936 seine

Frau Anna Krautenbacher. Die Hochzeit hat Hitler selbst ausgerichtet, wie er sich überhaupt um viele Belange seines unmittelbaren Personals kümmerte. Am 28. Februar 1943 verließ Herbert Döhring den „Berghof", wo er Wachposten, Telefonist und dann Hausverwalter war. An die Front versetzt, wurde er zuerst in Rußland, dann in Frankreich eingesetzt. Döhring war als ältester Unterführer beim 1. Panzer-Regiment der Leibstandarte-SS „Adolf Hitler" als Transportführer für einen Panzertransport in die Normandie eingeteilt, wo er eine Verwundung erlitt und in Kriegsgefangenschaft kam. Nach dem Krieg kehrte er 1947 in die Heimat zurück, traf seine Frau und die Kinder wieder und verlebte seinen Lebensabend in Nürnberg. Herbert Döhring verstarb am 23. Dezember 2001.*

## *Leni Riefenstahl war auch zu Besuch auf dem Obersalzberg. Können Sie über sie etwas berichten?*

*Ich habe einmal in der Neuen Reichskanzlei erlebt, wie sie von Brückner zum Führer gebracht wurde. Das blaue Licht hatte sich Hitler im „Berghof" oft vorführen zu lassen. Leni Riefenstahl hat wirklich tolle Filme gemacht, die hat er sich gerne angesehen. Und der Olympia-Film war ein Sportfilm-Musterbeispiel.*

*Und dann habe ich sie erlebt in Bayreuth bei den Festspielen, da saß ich zufällig neben ihr. Aber von Kennenlernen kann keine Rede sein. Sie sah fantastisch aus, sportlich, schlank, großer Lockenkopf...*

* Zu dieser zeitgeschichtlichen Persönlichkeit vgl. unsere Publikation: Herbert Döhring. *Hitlers Hausverwalter.* Bochum: Zeitreisen-Verlag, 2013. (ISBN 978-3-941538-71-9)

Die am 22. August 1902 in Berlin geborene Regisseurin machte zunächst als Tänzerin und Schauspielerin von sich Reden. Riefenstahl erwarb durch beeindruckende Bergfilme (*Der weiße Rausch, Die weiße Hölle vom Piz Palü* u. v. a.) den Ruf als Bergfilmspezialistin. Sie hatte bereits schon vor 1933 Kontakt zu Hitler, war aber nie Mitglied der NSDAP. Bis heute gilt sie als umstrittene Persönlichkeit, da sie mit den beiden Filmen über die Reichsparteitage 1933 und 1934 *Sieg des Glaubens* (D 1933) und *Triumph des Willens* (D 1935) Hitler und seine Partei „mystifiziert" habe, wie ihre Kritiker ihr vorwarfen. Nach dem Krieg versuchte sie als Dokumentarfilmerin und Fotografin wieder Fuß zu fassen. Sie verstarb, im Ausland für ihre filmischen wegweisenden Innovationen teilweise als Pionierin geehrt, im Nachkriegsdeutschland hingegen als *persona non grata* behandelt, am 8. September 2003 in Pöcking am Starnberger See.

***Waren Sie auch in der Neuen Reichskanzlei in Berlin eingesetzt?***

*Die Neue Reichskanzlei war für den Reichskanzler und seinen Stab vorgesehen. Wenn besondere Besuche und Staatsempfänge stattfanden, spielte sich alles in der repräsentativen Neuen Reichskanzlei ab. Anläßlich des Staatsbesuches des japanischen Außenministers, Matsuoka Yosuke, Ende März 1941 bin ich beim Empfang dabei gewesen. Davon existiert sogar noch ein Foto.*

Die Reichskanzlei war der offizielle Amtssitz Adolf Hitlers in Berlin. Die Kanzlei unter der Leitung des Staatssekretärs wickelte hier die Regierungsgeschäfte ab. Ab 1933 leitete Hans Heinrich Lammers (1879–1972) die administrativen Geschäfte, bevor

A b s c h r i f t.

II./SS-"Der Führer"
SS-Verfügungstruppe  Btl.St.Qu., den 5.10.1940

B e u r t e i l u n g

des SS-Hauptsturmführer D a r g e s, Fritz.

SS-Nummer: 72 222
Geb.Dat.: 8.2. 13 in Dülseberg, Altmark
Dienststellung: Kp.-Chef 7./SS-"DF" seit 16.7.40
R. D. A.: 1.7. 40; bef. z.Ustuf.: 20.4.35

Vorbildung: Lehrgang 1934/35 SS-Jk.Sch. Tölz

Gerader, offener Charakter, etwas weich gegen sich. Gewandtes sicheres Auftreten.

Allgemeinwissen gut, geistig wendig und interessiert.

Militärisches Wissen ausreichend, bemüht, seine Kenntnisse zu vertiefen.

Truppenpraxis in Ausbildung und Führung einer Kp. muss noch vervollkommt werden, derzeit noch nicht ausreichend. Durch langen Dienst in höheren Stäben etwas Truppenfremd.

Weltanschaulich absolut klar und zuverlässig, umfangreiches Wissen.

Wird bei dem von ihm gezeigten Fleiß und weiterer Anleitung seine Stelle als Kp.-Chef ausfüllen.

Wirtschaftliche Verhältnisse geordnet.

Lt. ärztlichen Befund derzeit nicht kv., Kurantrag ist gestellt.
Inhaber EK II.  gez. Scholz

Abschrift.

SS-Rgt. "Der Führer"
Kommandeur

Rgts.St.Qu.,den 9.10.1940.

Zusätze zu der Beurteilung des
SS-Hauptsturmführer Darges, Fritz.

Der Beurteilung des SS-Hauptsturmführer Darges durch den Kommandeur II./SS"DF" schliesse ich mich an.
Geistig recht gut veranlagt,charakterliche Entwicklung noch nicht abgeschlossen. Muss härter werden. Ihm fehlt die Truppenpraxis und die Erfahrung. Füllt daher trotz seines anerkennungswerten Fleisses seine Stelle zur Zeit noch nicht voll aus. Es ist anzunehmen, dass D. nach entsprechender Weiterbildung ein recht brauchbarer Kom.-Chef werden wird. Ich schlage vor, dass D. nach Wiederherstellung seiner Gesundheit zunächst eine gründliche Ausbildung als Kom.-Führer erfährt, bevor er wieder bei einem Feldtruppenteil verwendet wir

gez. Keppler
SS-Oberführer und
Kommandeur

Einverstanden:
gez. Hausser
SS-Gruf.

F.d.R.d.A.
SS-Oberscharführer
Ul.

Unnumerierter Platz

zu 30 Pfg. № 1388

für die

**Massenkundgebung**

am Donnerstag, den 6. Oktober abends 8 Uhr
in der „Sängerhalle"

Es spricht:

Reichstagspräsident **Göring**

---

Saalöffnung 7 Uhr Beginn 8,15 Uhr

Juden Zutritt verboten.

Nat.sozialistische Deutsche Arbeiterpartei, Kreisltg. Augsburg.

er 1937 zum Reichsminister aufstieg und damit seinen Einfluß steigerte. Im Verlaufe des Krieges verlor diese Institution aber zunehmend an Bedeutung. Martin Bormann übernahm immer mehr Aufgaben bzw. kontrollierte den Zugang zum Reichskanzler. Am 12. Januar 1939 verlegte Hitler seinen Amtssitz in die von Albert Speer neu errichtete Neue Reichskanzlei in der Voßstraße. Dort hatte der Lieblingsarchitekt Hitlers innerhalb von nur neun Monaten ein Bauwerk schaffen lassen, das als Beispiel nationalsozialistischer Repräsentationsarchitektur gelten kann. Allein der Fußweg vom Eingang zum Empfangssaal hatte eine Länge von 300 Metern. Dieses Bauwerk war bereits Teil der neugeplanten Hauptstadt „Germania", zu der Berlin werden sollte. Nach dem Kriege geschleift, verwendete man Teile des Baumaterials für die Errichtung eines sowjetischen Ehrenmals in Berlin-Treptow.

***Seit 1936 bewegten Sie sich im Umfeld des „Führers". Was machten Sie, als der Krieg ausbrach?***

*Im Polenfeldzug war ich im Stab tätig. Während des Westfeldzuges diente ich aktiv bei der Truppe, dann als Kompaniechef im Rußlandfeldzug. Zwischendurch erfolgte noch die Ausbildung zum Kompaniechef einer Panzereinheit. Im Kaukasus wurde ich mit meinem Panzer abgeschossen. Der anschließende Lazarettaufenthalt dauerte bis März/April 1943. Danach war ich immer noch nicht frontverwendungsfähig, deshalb entschied man sich für eine Verwendung im Stab. Ich wurde wieder ins Führerhauptquartier befohlen als Nachfolger von Schulze-Kossens, der auch in Tölz die Junkerschule besucht hatte.*

Der Begriff „Führerhauptquartier" (FHQ) bezeichnet alle Kommandozentralen von Adolf Hitler, von denen aus er die Operatio-

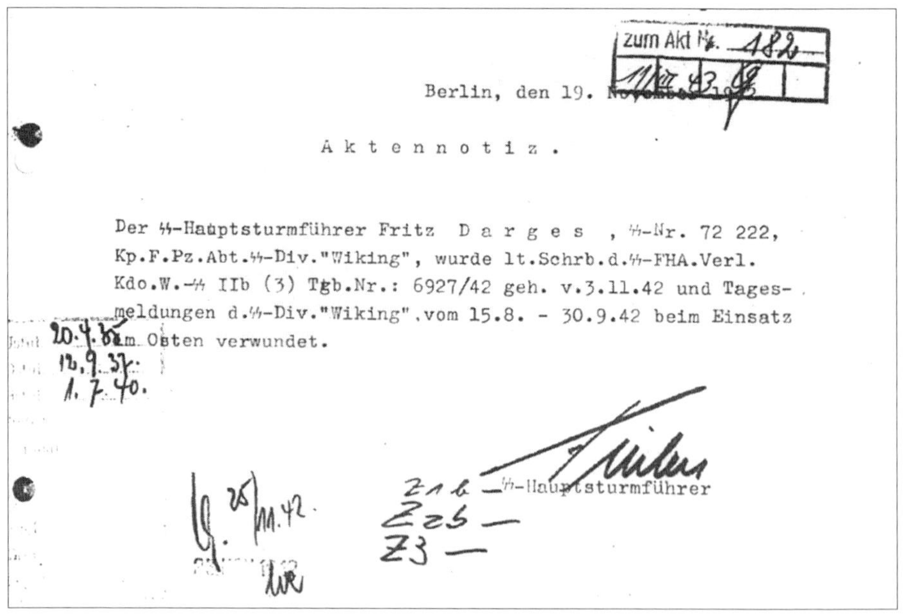

zum Akt Nr.

Berlin, den 19. November 1942

A k t e n n o t i z .

Der SS-Hauptsturmführer Fritz D a r g e s , SS-Nr. 72 222, Kp.F.Pz.Abt.SS-Div."Wiking", wurde lt.Schrb.d.SS-FHA.Verl. Kdo.W.-SS IIb (3) Tgb.Nr.: 6927/42 geh. v.3.11.42 und Tagesmeldungen d.SS-Div."Wiking".vom 15.8. - 30.9.42 beim Einsatz im Osten verwundet.

SS-Hauptsturmführer

nen der Wehrmacht leitete. Die festen Plätze waren ausgestattet mit Bunkern, Wohnstätten, Flakständen und befanden sich sowohl in Deutschland als auch im Ausland. Während des Polen- und Balkanfeldzuges nutzte Hitler seinen Sonderzug. Das bekannteste Hauptquartier war die „Wolfsschanze“ bei Rastenburg in Ostpreußen, allerdings gab es noch einige mehr: das „Felsennest“ bei Münstereifel, die „Wolfsschlucht“ in Belgien, „Tannenberg“ im Schwarzwald, „Werwolf“ bei Winniza, „Wolfsschlucht II“ bei Soissons und „Adlerhorst“. Letztere lag zehn Kilometer westlich von Bad Nauheim und entstand im Winter 1939/40 durch die „Organisation Todt“. Jedoch erst 1944 leitete Hitler von hier aus eine Operation: die Ardennenoffensive im Dezember 1944. Als das Unternehmen „Wacht am Rhein“ scheiterte, verließ Hitler den „Adlerhorst“ und kehrte in seinen Bunker unter der Reichskanzlei in Berlin zurück.

## ***Gibt es eine deutsche Alleinschuld an dem Kriegsausbruch?***

*Nein, der Krieg ist ja wegen Polen losgegangen. Das hat sich 1939 so hochgeschaukelt.*

Nach der Machtübernahme der Nationalsozialisten reagierte die polnische Regierung auf die deutschen Revisionsforderungen zuerst mit Präventivkriegsüberlegungen und Verlegungen von Truppenkontigenten, doch im Jahr 1934 kam es zu einem scheinbaren Neuanfang in den Beziehungen der beiden Länder. Sie schlossen am 26. Januar einen auf zehn Jahre geschlossenen Nichtangriffs-Pakt. Dadurch konnte Hitler bei seinen „Ostplanungen“ Polen als variable Karte einsetzen. Ermuntert durch den deutschen Völkerbundaustritt, verfolgte die polnische Regierung eine verstärkte „Polonisierungspolitik“, die allerdings die deutsche Bevölkerungsminderheit der nationalsozialistischen Propaganda zugänglicher machte. Noch aber hielt das Bündnis. Als sich Deutschland im Oktober 1938 das Sudetenland einverleibte, profitierte auch Polen davon. Es erhielt das Olsa-Gebiet und machte sich damit zum Komplizen von Hitlers imperialistischer Politik. Aber schon kurz darauf geriet auch Warschau ins Blickfeld des deutschen Reichskanzlers. Die Forderungen der Deutschen lauteten u. a.: die Rückkehr Danzigs zum Reich (bislang unter Verwaltung des Völkerbundes), der Bau einer exterritorialen Eisen- und Autobahn durch den „Korridor“ und der Beitritt zum Antikominternpakt. Zusätzlich bot man den Polen die Partnerschaft bei einem Angriff auf die Sowjetunion an. Die Umworbenen lehnten jedoch mit Großbritannien als mächtigen Verbündetem im Rücken ab. Hitler nahm deswegen die britische Garantie für Polen zum Anlaß, um den Nichtangriffspakt zu kündigen und seine Drohungen zu verschärfen. Später machten beide Länder mobil und beharkten sich propagandistisch. Am 1. September fiel schließlich der erste Schuß – aus einer deutschen Waffe.

Viele Historiker fragen sich seitdem, wie wohl die Geschichte verlaufen wäre, wenn die Polen auf die Vorschläge Hitlers eingegangen wären? Von Historiographen wird unisono behauptet, daß Hitler auf alle Fälle einen Krieg habe führen wollen. Somit hätte man wohl lediglich Zeit gewonnen und der Krieg wäre trotzdem ausgebrochen – nur später.

## *Haben Sie Hitler zu Beginn des Polenfeldzuges in einem Sonderzug getroffen?*

Quelle: BPK 50.042.252

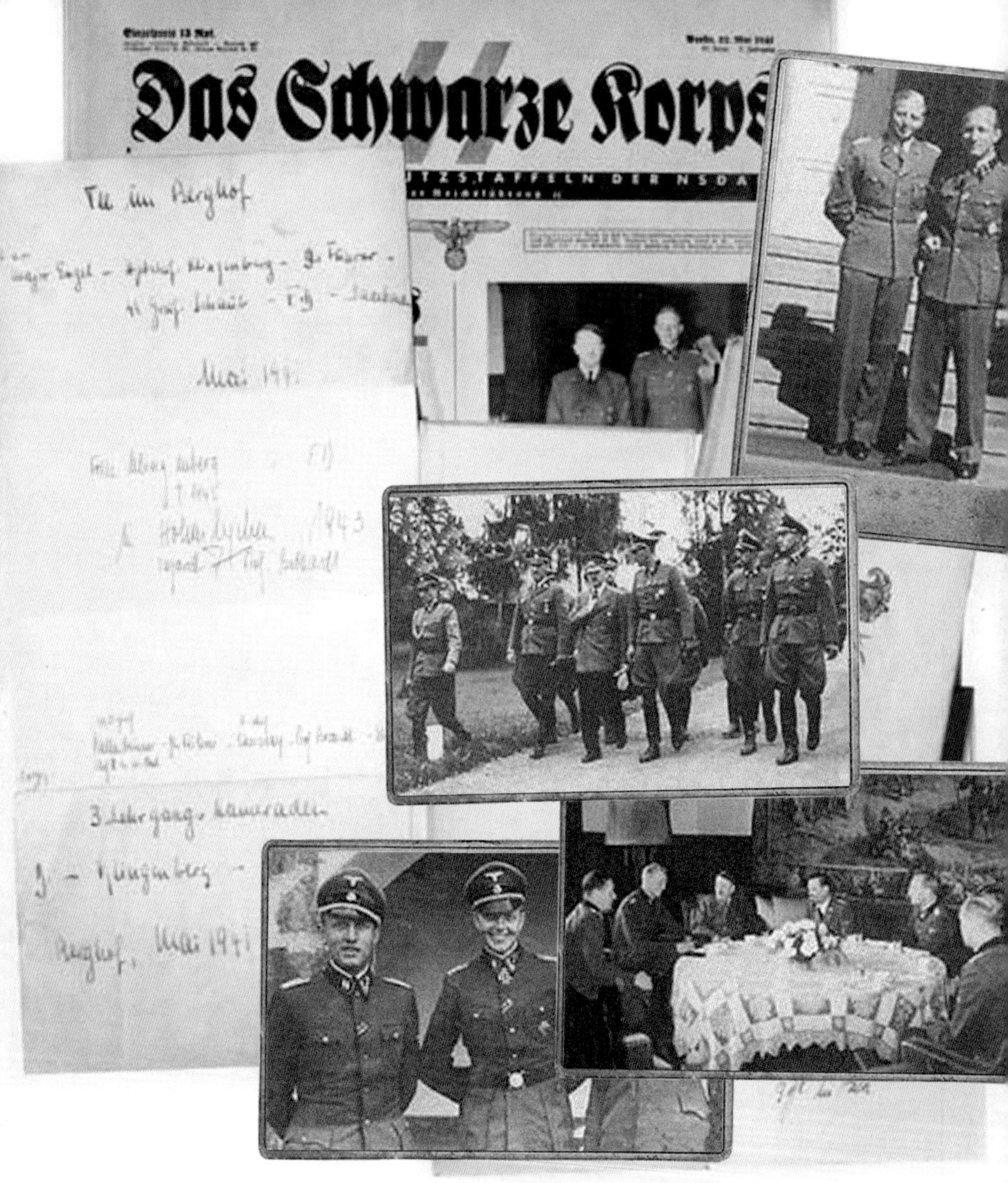


*Vorige Seite: In Rastenburg erwartet Fritz Darges am 14. August 1943 die Ankunft des bulgarischen Königs, der Hitler in seinem ostpreußischen Führerhauptquartier (FHQ) „Wolfschanze“ besucht. An Darges’ Uniform ist die Adjutantenschnur zu erkennen. Links neben ihm ein italienischer Diplomat. – Oben: Als Adjutant war Darges Adolf Hitlers Schatten, wenn dieser mit Staatsoberhäuptern oder Regierungschefs, mit Ministern und höchsten militärischen Befehlshabern zusammentraf. In dem vorliegend abgedruckten Interview teilt Darges nicht nur seine einmaligen Erinnerungen mit der Nachwelt, sondern er hat auch einzigartige Archivalien, Fotos und Dokumente, zur Verfügung gestellt, die bisher unveröffentlicht sind.*

*In unmittelbarer Nähe des „Berghofs“, über dem der Hohe Göll thront (Hintergrundbild), befand sich das „Haus Hoher Göll“, wo Darges ein Dienstzimmer hatte. Der „Berghof“ war im Dritten Reich eine Art inoffizieller Regierungssitz, in den Hitler internationale Persönlichkeiten aus Politik, Wirtschaft und Kunst lud. Kleines Bild, auf der Terrasse des „Berghofs“ von links nach rechts: Fritz Darges, unbekannt, in der Mitte Botschafter Walter Hewel, rechts neben diesem Hans Pfeiffer, ganz rechts unbekannt.*

Quelle: BPK 50.140.469 (kl. Bild)

*Links im Hintergrund ist der mit Schnee bedeckte und legendenumwitterte Untersberg zu sehen. In der Bildmitte Hitler mit einem Jungen. Rechts vor dem Wintergarten des „Berghofs“ stehen mit verschränkten Armen der Adjutant Julius Schaub und rechts neben diesem Hermann Esser.*
*Links im Bild sitzen Albert Speer und Theodor Morell, stehend mit Kamera in der Hand Gretl Braun, Eva Brauns Schwester.*

*Die Terrasse des „Berghofes", links im Bild der Anbau, in dem die Adjutantur untergebracht war. Hitler mit Schäferhund, dabeistehend Hausverwalter Herbert Döhring (links) und Adjutant Fritz Darges (rechts). Links im Vordergrund ist Gretl Braun zu sehen.*

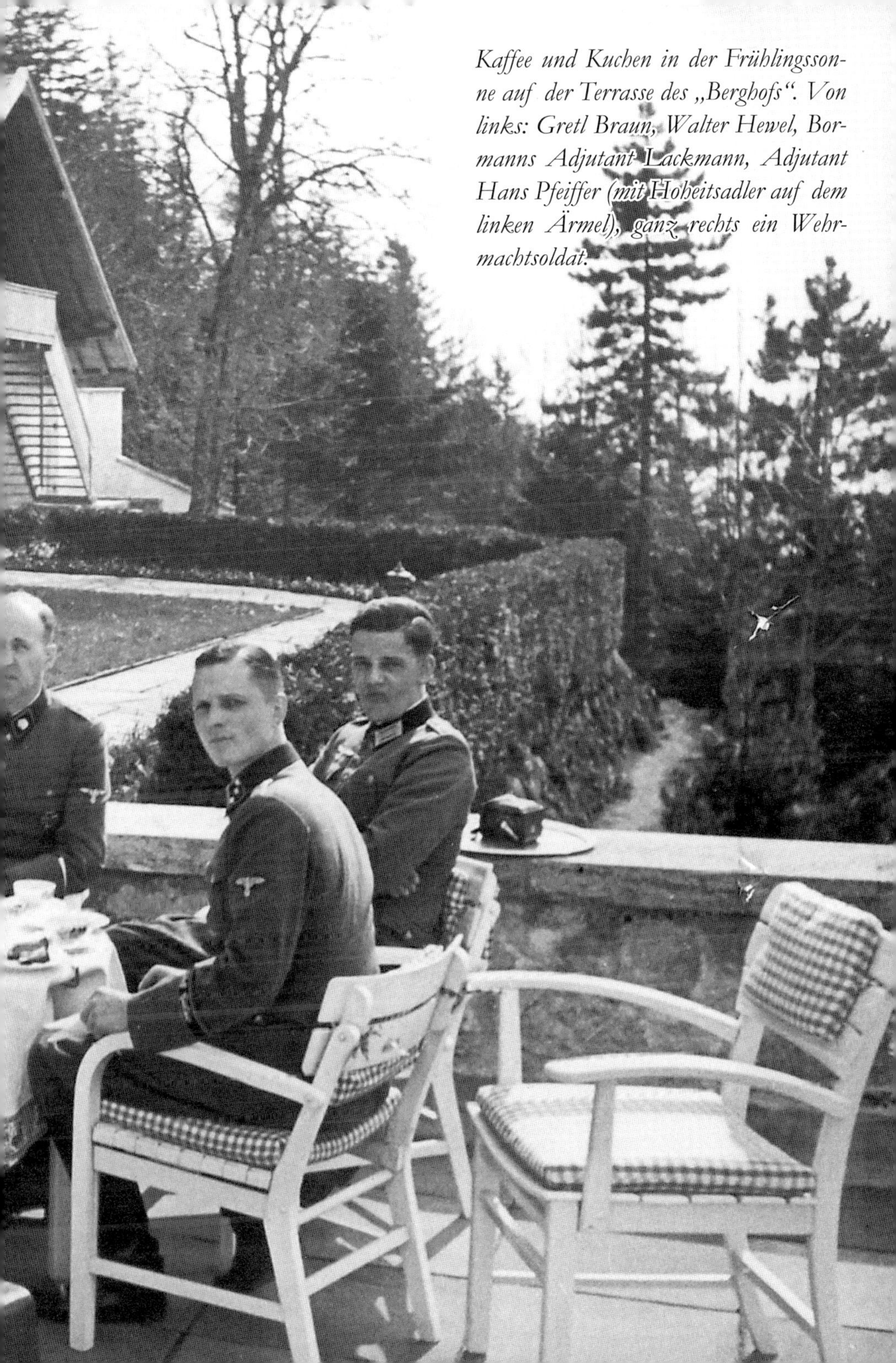

*Kaffee und Kuchen in der Frühlingssonne auf der Terrasse des „Berghofs". Von links: Gretl Braun, Walter Hewel, Bormanns Adjutant Lackmann, Adjutant Hans Pfeiffer (mit Hoheitsadler auf dem linken Ärmel), ganz rechts ein Wehrmachtsoldat.*

*Im Turm seines Panzers stehend, befehligt Fritz Darges Anfang 1945 zahllose „Panther" und normale Panzer, die erfolgreich den Ring der Roten Armee um Budapest aufbrechen können. Für seinen Einsatz erhält Darges das Ritterkreuz.*
*Bild unten: Darges trifft auf Generaloberst Heinz Guderian, den Schöpfer der modernen Panzerwaffe.*
*Ganz unten: Mit drei Kameraden posiert Darges, zweiter von rechts, auf einem Panzer.*

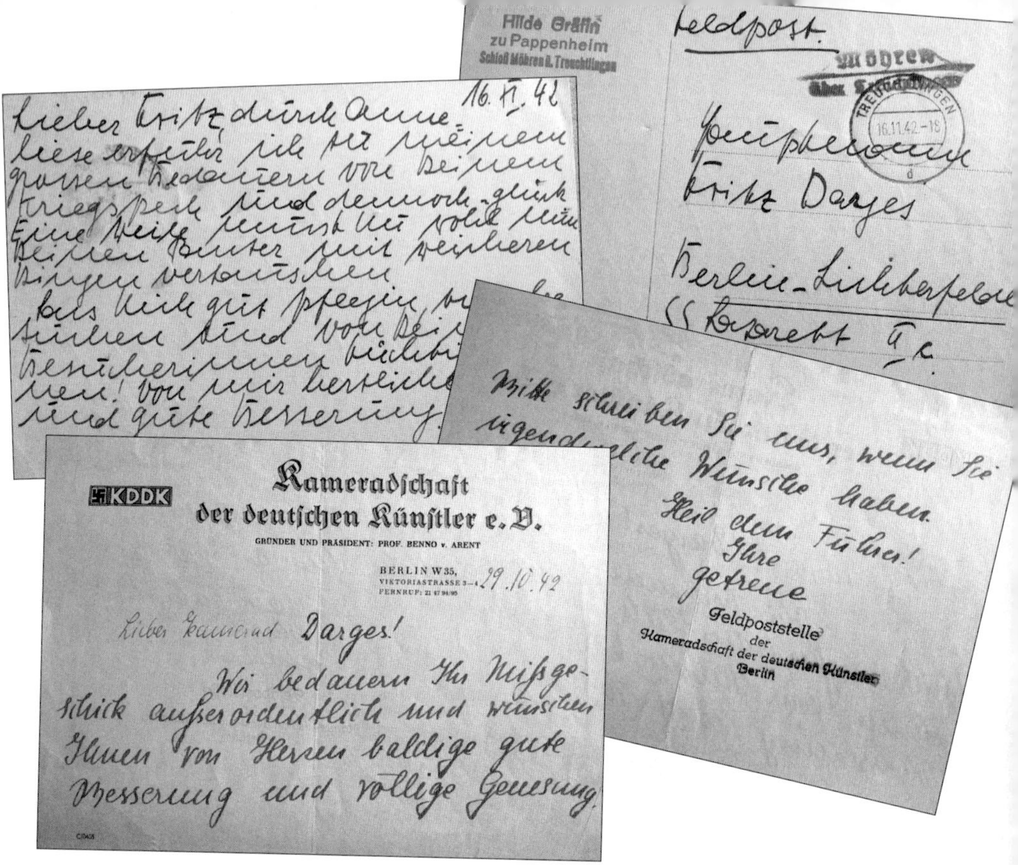

Hilde Gräfin zu Pappenheim
Schloß Möhren b. Treuchtlingen

Feldpost.

Möhren über Treuchtlingen

Treuchtlingen 16.11.42 – 18

Hauptsturmführer
Fritz Darges
Berlin-Lichterfelde
SS Lazarett II c.

16. XI. 42

Lieber Fritz, durch Anne Liese erfuhr ich zu meinem großen Bedauern von deinem Kriegspech und dennoch Glück. [...] Von mir herzliche und gute Besserung.

Bitte schreiben Sie uns, wenn Sie irgendwelche Wünsche haben.
Heil dem Führer!
Ihre
getreue

Feldpoststelle
der
Kameradschaft der deutschen Künstler
Berlin

KDDK

**Kameradschaft der deutschen Künstler e. V.**

GRÜNDER UND PRÄSIDENT: PROF. BENNO v. ARENT

BERLIN W 35,
VIKTORIASTRASSE 3–4
FERNRUF: 21 67 94/95

29.10.42

Lieber Kamerad Darges!

Wir bedauern Ihr Mißgeschick außerordentlich und wünschen Ihnen von Herzen baldige gute Besserung und völlige Genesung.

*Oben: Den 1942 im Kriegseinsatz verwundeten Darges erreichen zahlreiche Genesungswünsche. Unten: Fritz Darges und Dr. Herdach von der Division „Wiking". – Rechte Seite: Dem SS-Hauptsturmführer Darges bescheinigt eine Beurteilung aus dem Jahre 1940, aus nationalsozialistischer Sicht „weltanschaulich absolut klar und zuverlässig" zu sein (siehe Seite 43).*

*Im Kriege führt er an der Front Ferntrauungen durch, für die eine Art Altar hergerichtet wurde, der mit Hakenkreuzfahnen und SS-Insignien geschmückt ist. In der SS wurde großer Wert auf die Etablierung neuer Feierrituale gelegt.*

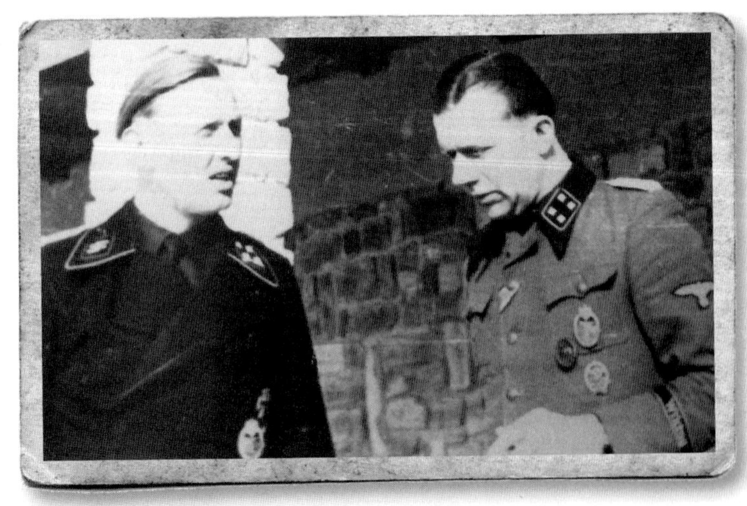

*Oben: Mitarbeiter der Reichskanzlei beim gemütlichen Beisammensein im FHQ „Wolfschanze" am 2. September 1942. In der Mitte am entfernten Tischende sitzt Adjutant Julius Schaub, links von diesem in schwarzer Uniform Fritz Darges. Rechts sitzen zwei Sekretärinnen Adolf Hitlers. – Unten: Lagebesprechung am 16. / 17. April 1943 in Schloß Kleßheim (Salzburg). Nikolaus von Horthy und Hitler am Kartentisch, hinter ihnen*

Quelle: BPK 50.042.523

Quelle: BPK 50.042.359

*Wilhelm Keitel, rechts im Bild General Ferenc Szombathelyi. Links im Hintergrund steht Fritz Darges. – Oben, von links nach rechts: General Walter Warlimont, Fritz Darges, Adolf Hitler, Benito Mussolini und Heinz Linge am 19. Juli 1943 in der Villa Gaggia.*

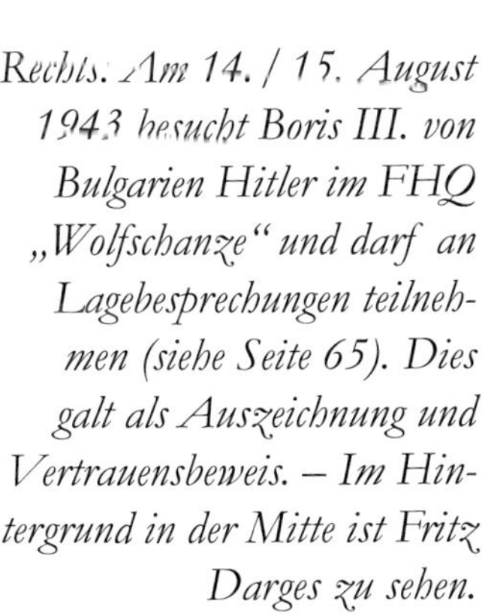

*Rechts: Am 14. / 15. August 1943 besucht Boris III. von Bulgarien Hitler im FHQ „Wolfschanze" und darf an Lagebesprechungen teilnehmen (siehe Seite 65). Dies galt als Auszeichnung und Vertrauensbeweis. – Im Hintergrund in der Mitte ist Fritz Darges zu sehen.*

*Soldaten unter sich: Fritz Darges mit Kameraden (oben), links im Bild Ritterkreuzträger SS-Obersturmführer Helmut Bauer vom 5. SS-Panzerregiment „Wiking". 1945 gelang es Darges in Ungarn (unten), den Umfassungsring der Roten Armee um die Hauptstadt Budapest zu durchbrechen. Für seine Leistung wurde ihm am 5. April 1945 das Ritterkreuz verliehen.*

*Ja, da gibt es ein Foto, auf dem der „Führerkommandozug" an einem Bahngleis zu sehen ist. Vor dem Bahngleis stehen über eine Karte gebeugt* [der spätere Feldmarschall] *Rommel, sein Ordonnanzoffizier, sein Nachrichtenoffizier und ich – ganz leger ohne Mütze und ohne Koppel – und besprechen die Reiseroute an die Front für den nächsten Tag. Zu dieser Zeit war Rommel noch Kommandeur im Führerhauptquartier. Später bekam Rommel dann das Kommando über eine Division.*

Vor seiner Frontverwendung kommandierte Erwin Rommel das „Führer-Begleit-Bataillon". Es war neben den Angehörigen des Reichssicherheitsdienstes und den Männern des SS-Begleitkommandos die dritte Formation, die für die Sicherheit Hitlers verantwortlich war. Beispielsweise gaben das Wachbataillon „Großdeutschland" und das Regiment „Hermann Göring" Soldaten für die Besuche Hitlers in Prag und im Sudetenland ab. Neben der Sicherheit des Reichskanzlers bewachten die Männer des „Führer-Begleit-Bataillons" auch die Führerhauptquartiere in Abwesenheit des Staatsoberhauptes. Vor dem Krieg war diese Einheit in Döberitz in der Kaserne des Regimentes „Hermann Göring" untergebracht und wuchs im Verlauf des Krieges bis 1944 zu einer Brigade an. Im Januar 1945 zu einer Grenadierdivision aufgestockt, wurde der Verband im April 1945 fast völlig aufgerieben.

**Gab es Besonderheiten den Zug betreffend?**

*Bereits im Polenfeldzug wurde Hitlers Sonderzug nachts möglichst in einen Tunnel gefahren als Schutz vor Fliegerangriffen.*

Der Zug trug den Decknamen „Amerika“ (später „Braunschweig“) und bestand aus zwei Lokomotiven. Am Anfang und am Ende des Gefährts befanden sich je ein Wagen zur Flugabwehr mit Vierlingsflakgeschützen. Den größten Waggon des Zuges, ein Arbeits- und Wohnwagen, bewohnte der Reichskanzler. Daran schloß sich ein Waggon mit Fernschreibern, Funkgeräten und einem „Lageraum“ an. Dann kamen die Wagen für die Militärs wie Keitel, Jodl, die Verbindungsoffiziere zu Heer, Kriegsmarine und Luftwaffe sowie für die Vertreter von Himmler, Göring, Ribbentrop etc. Hinzu kamen zwei Wagen für die Presse, ein Speisewagen, zwei Waggons für Gepäck, Gerätschaften usw. und ein Schlafwagen für das Personal.

Mit diesem Zug begab sich Hitler auch nach Ausbruch des Krieges an die Front. So erreichte „Amerika“ am 9. September 1939 den Ort Ilnau bei Oppeln, von wo Hitler mehrmals in Richtung Front fuhr. Bereits drei Tage später kam der Zug in Gogolin an, von wo der Oberbefehlshaber der Wehrmacht seine Truppen bei Lodz und nahe Przemysl besuchte. Danzig, die „Westerplatte“ oder Gotenhafen waren einige weitere Reiseziele von Hitler, bevor er am 26. September mit seinem Sonderzug wieder in Berlin eintraf.

***Nach Rußland gab es keinen Fronteinsatz mehr für Sie?***

*Doch. Vor dem Attentat 1944 bin ich im Juli wieder zur Panzerwaffe gekommen, habe ein Regiment kommandiert und bin schließlich 1945 in Gefangenschaft gekommen.*

BERLIN W 8, DEN
REICHSKANZLEI

Führerhauptquartier, den 10.4.42.

DER FÜHRER UND KANZLER DES DEUTSCHEN REICHES
DER PERSÖNLICHE ADJUTANT

SS-Gruppenführer Julius Schaub

SS-Hauptsturmführer
Fritz D a r g e s
Tr.Üb.Pl.Wildflecken/Rhön
3.SS Pz.Abtlg.2.

Mein lieber Darges !

Herzlichen Dank für Ihr Schreiben vom 29.3. Wie ich aus demselben entnehmen kann, geht es Ihnen gesundheitlich gut, was ich auch von uns allen aus dem Führerhauptquartier berichten kann.

Vor einigen Tagen kam die Nachricht, dass OTTo R u e ß vom Begleitkommando auf dem Felde der Ehre geblieben ist, was uns allen sehr leid tut.

Wir hatten auf zwei Tage Herrn Gauleiter Adolf Wagner hier. Er ist heute wieder nach München zurückgeflogen.

Damit die Abendstunden nach dem Dienst etwas ausgefüllt sind, schicke ich Ihnen eine Schachtel mit Zigaretten.

Es sollte uns freuen, bald wieder ein Lebenszeichen von Ihnen zu bekommen. Gruppenführer Albert Bormann, der "General", Puma und "die Mädchen" grüssen herzlichst wieder.

Mit Heil Hitler !
Ihr
Julius Schaub

**_Wie beurteilen Sie Hitler als Militär?_**

*Er war, wie Alfred Jodl gesagt hat, absolut in der Lage, Situationen auf der Lagekarte zu erkennen und zu besprechen. Seine Entschlüsse waren letztendlich aber nicht immer richtig, wie beispielsweise der Umgang mit der Wlassow-Armee. Wäre die Wlassow-Armee zur rechten Zeit eingesetzt worden, hätte sie entscheidende Veränderungen im Rußlandfeldzug bewirken können. Um die komplexen Zusammenhänge richtig beurteilen zu können, wäre eine Einsicht in geheime Dokumente alliierter Archive äußerst wichtig, aber die sind noch für lange Zeit verschlossen.*

*Alfred Jodl hat im Nürnberger Prozeß auf die Frage des Vorsitzenden, wieso ein hervorragender Generalstabsoffizier einem Mann wie Hitler, der militärisch ungebildet war, Gehorsam leisten konnte, geantwortet, daß Hitler die Fähigkeit besaß, sich militärisch nicht nur auszudrücken, sondern auch Probleme zu lösen.*

Andrej Andrejewitsch Wlassow, geboren am 1. September 1900 in Lomkion bei Nischnij Nowgorod, trat 1919 in die Rote Armee ein, kommandierte zu Beginn des deutschen Rußlandfeldzuges das IV. Panzerkorps und verteidigte im September 1941 als Oberbefehlshaber der 37. Armee Kiew. Am 21. März 1943 flog Wlassow in den Wolchow-Kessel, in dem er am 11. Juli in deutsche Gefangenschaft geriet. Er stellte sich dem Smolensker Komitee (Zusammenschluß russischer Militärs und Politiker, die eine Kooperation mit den Deutschen befürworteten) zur Verfügung, verfaßte Flugblätter, die die Sowjetsoldaten zum Überlaufen aufforderten und bemühte sich um die Bildung einer Freiwilligenarmee, die an der Seite Deutschlands gegen die Sowjets kämpfen sollte. Erst als die Lage für die Wehrmacht hoffnungslos war, gestattet Hitler die Aufstellung von zwei russischen Divisionen, der „Wlassow-Armee", die allerdings nur schlecht ausgerüstet wurden. Auch war ihre Kampfkraft mehr als mangelhaft, so daß ihr Einsatz fragwürdig war. Die US-Armee nahm die letzten Verbände 1945 gefangen und lieferte sie an die Sowjetunion aus, wo sie als Verräter vor Gericht kamen. Ihr Führer Wlassow wurde am 2. August 1946 in Moskau hingerichtet.

**_Mit seinem Detailwissen hat Hitler sogar die Generalität beeindruckt. War seine Kenntnis wirklich so ausgeprägt?_**

*Ich weiß, daß er sich in den ersten Jahren sehr für die neuen Waffenentwicklungen aller Gattungen interessierte. Die sogenannten Waffenoffiziere, wirkliche Spezialisten auf ihrem Themengebiet, hatte er immer auf dem „Kiwief"* [jemanden genau im Blick haben]. *Hitler stellte sehr geschickte Fragen und überraschte die Offiziere damit.*

Hitlers militärische Fähigkeiten lassen sich eigentlich in zwei Kategorien einteilen: erfolgreiche Eingriffe und Fehlentscheidungen. Er griff in die Operationsführung des Westfeldzuges ein und favorisierte den „Sichelschnittplan" von Manstein: der Erfolg gab ihm recht. Auch sein „Durchhaltebefehl" im Winter 1941 (auch wenn ihn andere ausführten, die Front zurückging und Hunderttausende ihr Leben lassen mußten) und die sich anschließend stabilisierende Lage können als Erfolg gewertet werden. Allerdings machten ihn die militärischen Erfolge zunehmend von sich derart eingenommen, daß er Widerspruch nur noch schwer ertrug. Großen Anteil daran hatte auch die unmittelbare Umgebung des Oberbefehlshabers der Wehrmacht, die ihn in dieser Wahrnehmung bestärkte. Mahner oder allzu kritische Generale wurden abgesetzt und durch profillose Ja-Sager ersetzt. So mußten angesehene hohe Offiziere wie Manstein oder Guderian ihre Posten räumen, da sie den Auffassungen Hitlers widersprachen. Zum Kriegsende hin traute sich kaum jemand, Hitler auf Fehlannahmen hinzuweisen. Deshalb dirigierte der Oberbefehlshaber mitunter unwissend Einheiten, die überhaupt nicht mehr existent waren oder nur noch einen Bruchteil ihrer eigentlichen Stärke besaßen – von der Ausrüstung und dem Ausbildungsstand ganz zu schweigen.

Andererseits sind von Hitler angewendete Taktiken in die Lehrbücher aufgenommen worden, so etwa die Blitzkriegtaktik. Diese heute noch als beispielgebend in den Militärakademien der USA gelehrte und beispielsweise im Irak-Krieg zum Einsatz gekommene Taktik wird teilweise unter neuen Namen (etwa *Shock and Awe*) zur Verschleierung ihres deutschen Ursprungs bezeichnet.

## *Wie beurteilen das Verhältnis zwischen Hitler und der Generalität?*

*Das Verhältnis Hitlers zu seinen Generalen stand in absolutem Gegensatz zu dem Verhältnis Stalins zu seinen Generalen. Bekanntlich hat Stalin etliche seiner Generale umbringen lassen, wohingegen Hitler um die Generalität gebuhlt hat.*

*Mir ist bekannt, daß er Großadmiral Raeder ganz besonders schätzte. Nach einer Besprechung öffnete Hitler dem Großadmiral die Tür und führte ihn in seinen Bunker zum Essen.*

*Ein anderesmal war der Generalfeldmarschall bei einer Lagebesprechung im Führerhauptquartier. Als die Lagebesprechung zu Ende war, fragte Hitler: „Herr Generalfeldmarschall, darf ich Sie zum Essen einladen?" – „Danke gehorsam, nein. Die Truppe erwartet mich." Damit wollte ich ausdrücken, daß Hitler seine Generale anständig behandelt hat, zumindest bis zum Attentat im Juli 1944.*

*Einmal jedoch hörte ich Hitler sagen: „Ich hatte das Gefühl, eine eisige Front abzugehen."*

Wilhelm Keitel, geboren am 22. September 1882 in Helmscherode, diente im Ersten Weltkrieg als Artillerie- und Generalstabsoffizier und stieg am 1. März 1934 zum Generalmajor auf. Ab dem 1. Oktober bekleidete er den Posten als Chef des Wehrmachtamtes im Reichskriegsministerium aus dem am 4. Februar 1938 das Oberkommando der Wehrmacht (OKW) wurde. In dieser Position war Keitel an allen militärischen Planungen maßgeblich beteiligt, hatte aber nur geringe Befehlsgewalt. Er mußte am 8. Mai 1945 die bedingungslose Kapitulation der Wehrmacht unterzeichnen. In Nürnberg als ein „Hauptkriegsverbrecher" angeklagt, wurde Keitel für „schuldig" befunden und am 16. Oktober 1946 durch den Strang hingerichtet.

Erich Raeder, geboren am 24. April 1876 in Wandsbek, war ein Marineoffizier alter Schule. Im Ersten Weltkrieg kommandierte er zuletzt den Kleinen Kreuzer „Cöln" und wurde am 1. Januar 1935 Oberbefehlshaber der Kriegsmarine. Raeder begrüßte die Aufrüstungspläne Hitlers, warnte jedoch immer vor einem Waffengang mit Großbritannien. Nach Kriegsausbruch bescheinigte er der unzureichend gerüsteten Kriegsmarine, daß sie nur noch in Ehren untergehen könne. Im weiteren Kriegsverlauf entfremdeten sich der Großadmiral (seit dem 1. April 1939) und Hitler zusehends. Zum endgültigen Bruch kam es, als Hitler die Abwrackung der großen Überwassereinheiten zugunsten der U-Bootwaffe forderte und sich Raeder dem verweigerte. Die Folge war die Ersetzung Raeders durch Karl Dönitz an der Spitze der Kriegsmarine. Das Nürnberger Tribunal verurteilte ihn zu lebenslänglicher Haft, die für ihn aber aus gesundheitlichen Gründen am 26. September 1955 endete. Raeder verstarb am 6. November 1960 in Kiel.

***Können Sie sich an Anekdoten im Zusammenhang mit Generalen erinnern?***

*Hitler hatte den Ersten Weltkrieg als Kriegsfreiwilliger miterlebt und war später in der Münchener Infanterieschule von Generaloberst Dietl als eine Art Lehrbeauftragter für historische Themen eingesetzt worden. Eines Tages nach einer Lagebesprechung verließen alle Anwesenden den Raum, bis auf Hitler, Dietl, Jodl und ich als Adjutant. Plötzlich haben sich die drei Herren in tiefstem Bairisch über die damalige Situation in der Weimarer Republik unterhalten – das war echt super. Das war nicht gestellt, das war echt!*

Der spätere Generalfeldmarschall Model trat im Jahr 1909 in das Kaiserliche Heer ein und fand während des Ersten Weltkrieges im Truppen- und Generalstab Verwendung. Nach Kriegsende übernahm man ihn in die Reichswehr. Der am 24. Januar 1891 Geborene machte auch später in der Wehrmacht Karriere und stieg schon am 1. März 1938 zum Generalmajor und Chef des Stabes des IV. Armeekorps auf. Er bewährte sich in Polen, Frankreich und Rußland und führte die 9. Armee bei der letzten deut-

182 u.V.

31. März 1943

SS-Führungshauptamt
Amt V
IIa / Az.: 21 c [illegible]

Berlin-Wilmersdorf, den
Kaiserallee 188

# Personalverfügung

Der ~~SS-Hauptsturmführer~~ Ostubaf. Darges, Fritz SS-Nr. [illegible]

bisher [illegible]

wird mit Wirkung vom 1. März 1943

zu m Führer-Hauptquartier

als persönlicher Adjutant des Führers

[illegible] kommandiert.

Dienstantritt: Ist bereits erfolgt

Meldung bei: –

SS-Personalhauptamt
IA 1 – Zentralregistratur

| | | |
|---|---|---|
| Vorgänge | | |
| Ausweiserstellung | | |
| Karteiänderung | | |
| Aktenänderung | 9/E 439 | |
| Abschrift | | |
| Neuanlage | | |
| Wiedervorlage | | |
| z. d. Befehle | | |
| z. d. [illegible] | | |
| z. d. Pers. Akt. | | |
| Bl. | | |

Das Eintreffen des Genannten ist dem SS-Führungshauptamt, Abt. IIa, sofort zu melden.

| | |
|---|---|
| Ustuf. | |
| Ostuf. | 12.9.37. |
| Hstuf. | 1.9.40 |
| Stubaf. | |
| Ostubaf. | |
| Staf. | |
| Obf. | |
| Brigf. | |
| Gruf. | |
| Ogruf. | |

F. d. R.
[Unterschrift]
SS-Obersturmbannführer

gez. Jüttner
SS-Gruppenführer
und Generalleutnant der Waffen-SS

Kommando der Waffen-SS

An
[illegible]

Nachrichtlich an:
SS-Personalhauptamt
Amt IV, im Hause
[illegible]

Abt. II B 1 b
SS-Personalhauptamt
2. APR. 1943
Chef

6. APR. 1943

SS-FHA. 384 — 40000. 1. 43

schen Großoffensive im Osten bei Kursk im Juli 1943. Bei den beginnenden Rückzügen avancierte Model schnell zum „Meister der Defensive“ und wurde schließlich am 9. Januar 1944 Heeresgruppenchef – zunächst „Nord“, dann „Nordukraine“ – und am 28. Juni 1944, nach dem Beginn der für die Deutschen katastrophalen Offensive der Sowjets gegen den Mittelabschnitt, der fast völlig aufgeriebenen Heeresgruppe „Mitte“. Ihm gelang das scheinbar Unmögliche: die Stabilisierung der Front. In den Westen beordert, übernahm Model das Kommando über die Heeresgruppe „B“ im Westen am 17. August 1944. Unter seiner Führung gelang die Abwehr des alliierten Landungsversuchs bei Arnheim und der Vorstoß durch die Ardennen. Jedoch konnte er mit seinen begrenzten Kräften nichts gegen die Übermacht ausrichten und wurde mitsamt seiner restlichen Heeresgruppe (etwa dreihunderttausend Mann) im Ruhrgebiet eingeschlossen. Nachdem er den Befehl zur Selbstauflösung gegeben hatte, erschoß sich der Generalfeldmarschall am 21. April 1945 in Lintorf bei Düsseldorf.

Wie Model trat auch Generaloberst (seit dem 1. Juni 1942) Eduard Dietl im Jahr 1909 in das Kaiserliche Heer ein, diente nach dem Ende des Ersten Weltkrieges im Freikorps „Epp“ und kommandierte ab 1920 eine Kompanie eines in München stationierten Infanterieregiments. Der am 21. Juli 1890 in Bad Aibling Geborene begegnete Hitler bereits im Jahre 1921 und war nationalsozialistisch eingestellt, lehnte aber jeden politischen Fanatismus ab. Dietl schickte auch Soldaten in Zivil als Saalschutz zu NSDAP-Veranstaltungen und avancierte im Norwegenfeldzug zum populärsten Befehlshaber. Bei seinen Untergebenen war er als humorvoller, menschlicher Truppenführer angesehen. Ab dem 15. Januar kommandierte er die 20. Armee, auch als „Lappland-Armee“ bekannt. Im Juli 1943 verlieh ihm Hitler das „Goldene Ehrenzeichen der NSDAP“. Nach dem Besuch des Führerhauptquartiers stürzte seine Maschine bei Graz ab, wobei Dietl den Tod fand. Der Reichskanzler über den Offizier in seinem Nachruf: „Er ist für mich der erste Offizier der deutschen Wehrmacht, der in meine Gedankenwelt eingedrungen war und sich blind und ohne Kompromisse zu ihr bekannte." Die Diskussionen um seine Person führten schließlich 1995 zur Umbenennung der „Generaloberst-Dietl-Kaserne" in Füssen in „Allgäu-Kaserne".

***Gab es Berührungen zwischen Ihnen und Generalen der Waffen-SS?***

*Ende April 1945 besuchte ich in einem Lazarett zwei Offiziere meines Regiments. Einer davon war der Ritterkreuzträger Willi Hein, er war schwer verwundet und ein Ordonnanzoffizier. Dort berichtete man mir, daß General Wilhelm Bittrich auch in diesem Lazarett untergebracht ist. Mir sagte vor meinem Besuch eine Krankenschwester: Sie dürfen keine diffizilen Fragen an ihn richten, denn er ist sehr schwer verwundet. Er darf auch keinerlei Aufregung haben.*

Der Begriff „Waffen-SS" bezeichnet die bewaffneten SS- und Polizeiverbände. Zu Kriegsbeginn umfaßte der gesamte bewaffnete Arm der SS nicht einmal eine Division, wuchs aber im Verlauf der Jahre immer weiter an. Am Kriegsende verfügte die Waffen-SS nominell über 38 Divisionen, 16 Generalkommandos und ein Armeeoberkommando. Galt diese Truppe zu Beginn des Krieges noch als Elite, weichten die Beitrittsbedingungen immer mehr auf. Das Freiwilligkeitsprinzip, die Tauglichkeitsbestimmungen gehörten zu den Lockerungen, und vermehrt versahen auch

Männer ihren Dienst bei der Waffen-SS, die den nationalsozialistischen „Rasseanforderungen" eigentlich nicht entsprachen (beispielsweise die 13. Waffen-Gebirgsdivision der SS-Handschar (kroatische Nr. 1)). Dies führte im Jahre 1944 zu einer Dreiteilung der Waffen-SS: Den Kern bildeten die sogenannten „ordenfähigen" SS-Männer mit ihren Divisionen. Hinzu kamen die nicht SS-tauglichen Deutschen und „Germanen" (wie beispielsweise Skandinavier), die Freiwilligendivisionen bildeten, und schließlich die nicht germanischen „Waffendivisionen der SS", meist bestehend aus Osteuropäern, wie etwa die 21. Waffen-Gebirgsdivision der SS „Skanderberg" (albanische Nr. 1) oder die 20. Waffengrenadierdivision der SS (estnische Nr. 1).

Dabei gestaltete sich die höhere Führung der Waffen-SS durchaus heterogen. Es gab fähige und erfahrene Offiziere, die ihre Männer gekonnt kommandierten. Die Offiziere des Heeres standen ihren Kameraden zunächst sehr reserviert gegenüber.

## *Wie sprach man intern über General Bittrich?*

*Bittrich hatte einen guten Ruf als tüchtiger Offizier und guter Kommandeur. Er war doch ein Spitzengeneral. Wenn man so viele Jahre in der Waffen-SS war, da wird über so einen Mann natürlich gesprochen.*

Wilhelm Bittrich diente im Ersten Weltkrieg zunächst in einem Jägerbataillon, bevor er zu den Jagdfliegern ging. Nach Kriegsende trat der am 26. Februar 1894 in Wernigerode Geborene dem Freikorps „von Hülsen" bei und 1923 schließlich der Reichswehr, wo er eine weitere fliegerische Ausbildung (im geheimen) absolvierte. Am 1. Dezember 1932 trat er der NSDAP und am 15. Juli der SS bei. Am 25. August 1934 ging Bittrich zur

SS-Verfügungstruppe und war bei Kriegsbeginn Kommandeur des I. Bataillons der SS-Standarte „Der Führer“. Er übernahm am 1. Dezember 1940 die SS-Standarte „Deutschland“, mit der er auch in den Rußlandfeldzug ging. Später stieg er zum Divisionsführer auf und kommandierte in dieser Position u. a. die 8. SS-Kavalleriedivision „Florian Geyer“ und die 9. SS-Panzerdivision „Hohenstaufen“. Am 10. Juli 1944 übernahm Bittrich das Kommando über das II. SS-Panzerkorps und führte es erfolgreich gegen die alliierte Landungsoperation bei Arnheim (als Teil des gegnerischen Unternehmens „Market Garden“). Er starb am 19. April 1979 in Münsing/Oberbayern.

***Er hatte aber doch auch den Spitznamen „der Zauderer“…***

*Dazu kann ich nichts sagen. Ich war weder in seiner Division noch in seinem Korps. Ich war seit 1935 immer bei Steiner, und er war „Wikinger“* [Division Wiking].

***Was können Sie über Felix Steiner berichten?***

*Steiner war ein Revolutionär. Steiner hat als erster die Tarnanzüge für unsere Truppe eingeführt. Er war auch in der Wehrmacht sehr geschätzt. Im Ersten Weltkrieg war er Hauptmann und Generalstabsoffizier.*

Der am 23. Mai 1896 in Stallupönen (Ostpreußen) geborene Felix Steiner war ab dem 1. Juli 1943 Obergruppenführer der Waffen-SS und wollte von Anfang an ein Elitekonzept für den bewaffneten Arm der SS aufstellen. Bei Kriegsbeginn war Steiner Regimentskommandeur. Ab 1940 kommandierte er die 5. SS-Panzergrenadierdivision „Wiking“, die sich vor allem aus Freiwilligen aus Flandern, Wallonien, Skandinavien etc. rekrutierte. Im November 1942 übernahm der Offizier das III. Panzerkorps des Heeres und kommandierte ab Mai 1943 das III. SS-Panzerkorps. In den letzten Kriegsmonaten führte Steiner zunächst die neugebildete 11. Panzerarmee (Januar bis März 1945), bevor er am 3. Mai die nach ihm benannte Armeegruppe „Steiner“ übernahm. Hitler setzte im eingeschlossenen Berlin große Hoffnungen in einen Entsatzangriff, der am 21. April 1945 erfolgen sollte. Aufgrund der Kräfteverhältnisse und der ohnehin aussichtslosen Lage scheiterte jedoch der Versuch bereits im Ansatz. Am 3. Mai geriet Steiner in britische Gefangenschaft, aus der er am 27. April 1948 entlassen wurde. Der Waffen-SS-General starb am 17. Mai 1966 in München.

***Wer war Ihrer Meinung nach der am meisten geschätzte General der Waffen-SS?***

*Paul Hausser.*

„Papa“ Hausser, wie ihn viele seiner Untergebenen nannten, galt als einer der profiliertesten Generale innerhalb der Waffen-SS und genoß auch in der Wehrmacht einen relativ guten Ruf. Der am 7. Oktober 1880 in Brandenburg an der Havel Geborene gehörte nach dem Ersten Weltkrieg der Frontkämpfervereinigung „Stahlhelm“ an, der 1933 in der SA aufging. Dann übernahm ihn die SS in ihre Reihen, wo er maßgeblich am Aufbau der SS-Verfügungstruppe mitwirkte, aus der später die Waffen-SS hervorging. Mit den Verbänden der Verfügungstruppe kämpfte er in

SS-Obergruppenführer Hausser K.H,QuDen 5.9.1943

Lieber Kamerad Darges!

Ich möchte für die mir im Auftrage des Führers zugesandte Aufnahme mit der persönlichen Widmung des Führers meinen aufrichtigen Dank sagen. Meine Freude und Dankbarkeit ist besonders groß.

Wir warten hier die Entwicklung ab und sind auf jede Lösung gefaßt. Hoffentlich dauert die Trennung von den Divisionen "DR" und "T" nicht zu lange.

Mit den besten Grüßen an Sie

Heil Hitler!

Ihr

Hausser

Frankreich und Rußland und stieg 1944 zum Heeresgruppenchef auf. Nachdem er sich im Jahre 1945 mit Hitler überworfen hatte, enthob ihn dieser seiner sämtlichen Posten. Hausser blieb bis 1949 in US-Kriegsgefangenschaft und vertrat später als Vorsitzender der „Hilfsgemeinschaft auf Gegenseitigkeit“ (HIAG) die Interessen der ehemaligen Angehörigen der Waffen-SS, die sich größtenteils als „Soldaten, wie andere auch“ sahen und nicht als „Hitlers Weltanschauungskrieger“.

***Waren Sie auch in der „Wolfsschanze“ in Rastenburg?***

*Als ich dort war, erhielt ich bald die Kommandierung zu meinem Regiment. Mein Nachfolger wurde Otto Günsche. Damit war meine Tätigkeit im Führerhauptquartier „Wolfschanze“ zu Ende.*

***Was können Sie uns über den Tagesablauf im „Führerhauptquartier“ in Rastenburg berichten?***

*Schwerpunktmäßig war der Tagesablauf militärisch ausgerichtet. Wenn der „Chef“ etwas Freizeit hatte, lud er seine Sekretärinnen und Adjutanten zum Tee ein. Es gibt in den Archiven ein Dokument, dem zum Beispiel zu entnehmen ist: „11 Uhr Tee mit Sekretärin Christa Schroeder und Adjutant Darges“ oder so ähnlich.*

*Viel häufiger und wesentlicher waren aber die militärischen Aufgaben. Jedesmal, wenn kritische Meldungen von den Fronten im FHQ eintrafen, erschien ein Generalstabsoffizier in dem*

*Bunker des Führers und schilderte den Anwesenden kurz die neue Lage.*

*In einer Holzbaracke befand sich ein langer Tisch, auf dem die Karten lagen. Auf der einen Seite standen der Chef des Generalstabs und der Führer und auf der anderen Seite die Adjutanten. Während der Lagebesprechung waren stets Stenographen des Reichstages anwesend, die wirklich jedes Wort mitstenographierten. Wir Adjutanten mußten dann abends diese Protokolle lesen.*

*Einmal hat der „Chef“ den bulgarischen König zur Lagebesprechung hineingebeten und ihm am Kartentisch die große Lage erklärt. Das war als besondere Auszeichnung zu verstehen.*

*Tagsüber residierte der Generalstab in der „Wolfschanze“, und abends wurden Soldaten, die vom Führer das Ritterkreuz bekommen sollten, empfangen. Die bekannten Flieger- und U-Boot-Asse wurden zur Verleihung der hohen Auszeichnung nach Rastenburg eingeladen. Jeder Adjutant hatte seine Waffengattung vorzustellen. Von Puttkamer hatte seine U-Bootleute, die er vorstellte, und ich stellte die Männer der Waffen-SS vor. Wenn etwas Zeit zur Verfügung stand und keine besonderen Ereignisse bevorstanden, wurden U-Boot-Kommandanten und Luftwaffenoffiziere mit höheren Auszeichnungen – Eichenlaub und Schwertern – auch zu einem längeren Gespräch eingeladen. Otto Kumm war übrigens auch einmal in der „Wolfschanze“.*

Der Tagesablauf folgte meistens, wie auch an anderen Orten an denen sich Hitler aufhielt, einem bestimmten Muster. Sein Bett verließ der Reichskanzler meist gegen 10, später auch gegen 12 Uhr, aß etwas Knäckebrot oder Zwieback und trank Milch oder Tee. Nach einem kurzen Spaziergang fand die „Mittagslage" statt, die bis 14 oder 16 Uhr dauerte. Daran schloß sich das Mittagessen im Kasino I an, bei dem nur „unpolitische" Gespräche erlaubt waren. Die Zeit bis zur „Abendlage" um etwa 18 Uhr galt als Privatzeit Hitlers. Um 20 Uhr, oft auch später, folgte das Abendessen. Um Mitternacht gab es den „Abendtee", der mit den Monologen Hitlers einherging. Oft bis in die frühen Morgenstunden (manchmal bis 6 Uhr morgens) zog sich dieses Sinnieren hin.

Otto Kumm trat 1934 in die SS-Verfügungstruppe ein. Kumm nahm mit der SS-Standarte „Der Führer" am Polenfeldzug teil, war als Bataillonsführer an Kämpfen in Holland beteiligt und führte als Kommandeur ab Juni 1941 das SS-Regiment „DF" im Rußlandfeldzug. Kurz vor Kriegsende wurde Kumm Kommandeur der 1. SS-Panzerdivision „LAH" und geriet im Mai 1945 in US-amerikanische Kriegsgefangenschaft.*

***Bitte beschreiben Sie den Ablauf der Ordensverleihungen?***

*Das wurde immer kurzfristig anberaumt, und an einem Abend sollte ein Unteroffizier der Waffen-SS das Ritterkreuz verliehen bekommen. Der Name ist mir heute nicht mehr geläufig, bei den vielen, mit denen ich zu tun hatte. Der Soldat wurde Hitler vorgestellt, und dieser bat ihn, Platz zu nehmen. Der Reichskanzler begann ihn nach der Herkunft, Ausbildung und militärischen*

* Ausschnitte des ZeitReisen-Filminterviews mit Otto Kumm finden Sie im Agentur-Meier-zu-Hartum-TV-Kanal: http:www.youtube.com/user/AgenturMeierzuHartum.

FRITZ DARGES
SS-Obersturmbannführer

Berghof, 16.5.44

Obergruppenführer !

Ich darf Ihnen hierdurch anzeigen, daß ich mich am heutiqen Tage mit der verwitweten

Renate Freifrau von Hadeln
geb. Freiin von Thermann

verheiratet habe.

Gehorsamst

Darges

*Dingen zu befragen. Was haben Sie für eine Waffe? Was mißfällt Ihnen? Was könnte man verbessern? Wie ist der Gegner ausgerüstet? Was die Waffentechnik anbelangte, war Hitler gut orientiert.*

*Vom Beruf her war der Mann Schmied, und Hitler sagte: „Dieser Mann bekommt nach dem Krieg von mir eine vollständig eingerichtete Schmiede geschenkt. Darges, notieren Sie das!"*

Bei hohen Auszeichnungen oder besonderen Leistungen des Ordensträgers, behielt sich Hitler die persönliche Verleihung der Auszeichnung vor. Im weiteren Kriegsverlauf gab es aber nur noch wenige, die ihre Ehrung aus der Hand Hitlers entgegennahmen. Beispielsweise erhielt der Nachtjäger Heinz Rökker 1945 sein Eichenlaub durch Göring überreicht.

## *Wo waren Sie beim Stauffenberg-Attentat?*

*Am Tag des Attentates, am 20. Juli 1944, war ich auf dem Weg zu meinem Regiment in Berlin.*

*Ich fuhr mit dem Kurierzug von Rastenburg nach Berlin und blieb ein, zwei Tage in der Reichshauptstadt, um private Dinge zu erledigen. Mir war bekannt, daß es in der Neuen Reichskanzlei stets Kinofreikarten gab, und so konnte ich am Nachmittag einen Film ansehen. Als der Film zu Ende war, war um die Reichskanzlei schon alles abgesperrt. Abends, nachdem alles gelaufen war, kam Reichspropagandaminister Goebbels durch den Garten der* [alten] *Reichskanzlei in die Neue Reichskanzlei, vermutlich von seinem Ministerium aus.*

*In der Reichskanzlei waren einige Offiziere und der „treue Hagen“ unter den Adjutanten, Brigadeführer Albrecht, anwesend. Wir standen dort alle in einem Kreis und waren erschüttert über das Attentat. Da konnte sich keiner schlafenlegen. Goebbels trat in den Kreis und sagte: „Meine Herren, dies ist das dritte Attentat auf den Führer, das ich mithelfe niederzuschlagen.“ Goebbels sprach selbst in dieser Situation noch druckreif.*

*Ich bin am nächsten Tag mit einem Kurierflugzeug an die Front geflogen. Damit war meine Tätigkeit im Führerhauptquartier zu Ende.*

Claus Graf Schenk von Stauffenberg verübte am 20. Juli 1944 in Rastenburg ein Bombenattentat auf Hitler. Er wurde am 15. November 1907 in Jettingen bei Günzburg geboren und trat 1926 der Reichswehrkavallerie bei. Stauffenberg nahm im Stab des XVI. Armeekorps am Polen- und Frankreichfeldzug teil. Durch seine Erfahrungen in Rußland begab er sich in Opposition zum Regime. Am 7. April 1943 erlitt Stauffenberg in Afrika eine schwere Verwundung, die ihn ein Auge, eine Hand und mehrere Finger kostete. Nach seiner Genesung fand er Verwendung als Chef des Stabes beim Allgemeinen Heeresamt unter General Olbricht. Bei einer Lagebesprechung verübte er das Attentat, dem mehrere Menschen zum Opfer fielen, und flog nach Berlin, um den bereits angelaufenen Umsturz zu führen. Nach der Nachricht vom Überleben Hitlers brach der Umsturz allerdings schnell in sich zusammen. Graf Schenk von Stauffenberg wurde noch am Abend des gleichen Tages standrechtlich im Berliner Bendlerblock erschossen. Dort steht heute ein Denkmal zu Ehren des militärischen Widerstandes, und in den Gebäuden residiert das neue Bundesverteidigungsministerium.

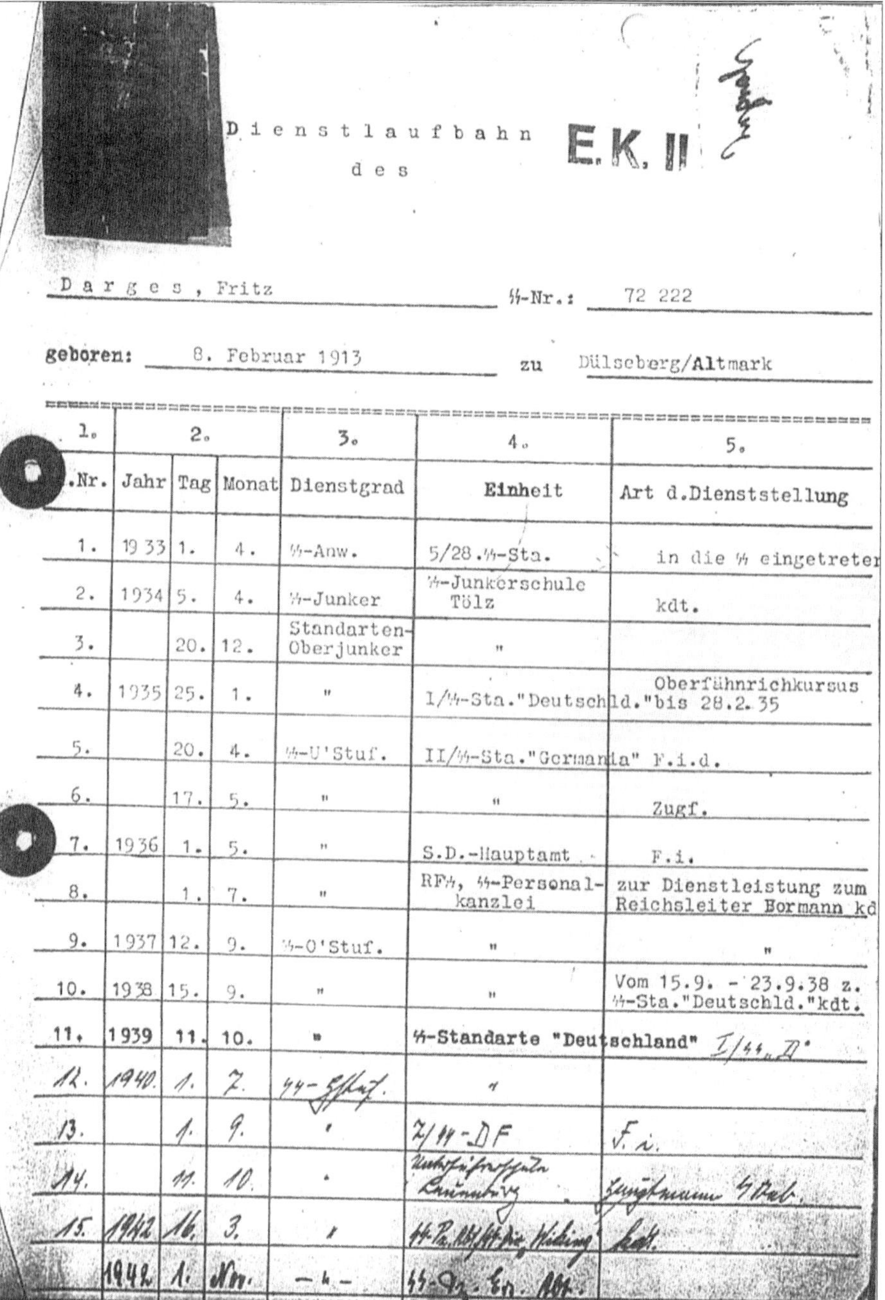

Dienstlaufbahn des

E.K. II

Darges, Fritz — SS-Nr.: 72 222

geboren: 8. Februar 1913 zu Dülseberg/Altmark

| 1. | 2. | | | 3. | 4. | 5. |
|---|---|---|---|---|---|---|
| Lfd.Nr. | Jahr | Tag | Monat | Dienstgrad | Einheit | Art d.Dienststellung |
| 1. | 1933 | 1. | 4. | SS-Anw. | 5/28.SS-Sta. | in die SS eingetreten |
| 2. | 1934 | 5. | 4. | SS-Junker | SS-Junkerschule Tölz | kdt. |
| 3. | | 20. | 12. | Standarten-Oberjunker | " | |
| 4. | 1935 | 25. | 1. | " | I/SS-Sta."Deutschld." | Oberfähnrichkursus bis 28.2.35 |
| 5. | | 20. | 4. | SS-U'Stuf. | II/SS-Sta."Germania" | F.i.d. |
| 6. | | 17. | 5. | " | " | Zugf. |
| 7. | 1936 | 1. | 5. | " | S.D.-Hauptamt | F.i. |
| 8. | | 1. | 7. | " | RFSS, SS-Personalkanzlei | zur Dienstleistung zum Reichsleiter Bormann kd |
| 9. | 1937 | 12. | 9. | SS-O'Stuf. | " | " |
| 10. | 1938 | 15. | 9. | " | " | Vom 15.9. - 23.9.38 z. SS-Sta."Deutschld."kdt. |
| 11. | 1939 | 11. | 10. | " | SS-Standarte "Deutschland" | I/SS „D" |
| 12. | 1940 | 1. | 7. | SS-Hstuf. | " | |
| 13. | | 1. | 9. | " | 7/SS-DF | F.i. |
| 14. | | 11. | 10. | " | Unterführerschule Braunschweig | Lehrgangsleiter Stab. |
| 15. | 1942 | 16. | 3. | " | SS-Pz.Abt./SS-Div. Wiking | kdt. |
| | 1942 | 1. | Nov. | — " — | SS-Pz. Ers. Abt. | |

Der Reichsführer-SS
SS-Personalhauptamt

Personal-Akt Nr.:

# Dienstlaufbahn des

Name: Darges, Fritz SS-Nr.: 72 222

geb. am: 8. Februar 13 zu: Dülseburg Pg. Nr.:

| Jahr | Tag | Monat | Dienstgrad | Einheit | Art der Dienststellung | Hauptamtlich |
|---|---|---|---|---|---|---|
| | | | | Aufnahme in die SS | | |
| 1943 | 30. | Jan. | SS-Stubaf. | | Beförderung | |
| 1943 | 1. | März | – " – | Führer-Hauptquartier | Pers. Adj. d. Führers | |
| 1944 | 30. | Jan. | SS-Ostubaf. | | Beförderung | |
| 1944 | 27. | 4 | " " | SS-P. H. A. | Unter Aufrechterhaltung d. Kmdg. als Adj. d. Fhr. Kmdg. aufgehoben vers. | |
| 1944 | 20. | 8. | " " | 5. SS-Pz.Div. Wiking | vers. | |

***Welche Auszeichnungen haben Sie erhalten?***

*Im Westfeldzug 1940 habe ich das Eiserne Kreuz II. Klasse bekommen. Darauf war ich besonders stolz, weil ich politisch und heimatlich Preuße bin. Dieser Orden, das Eiserne Kreuz, wurde 1813 vom preußischen König Friedrich Wilhelm und seiner Frau Königin Luise gestiftet. Die Neuauflage der Stiftung war dann 1870/71, dann wurde es wieder gestiftet im Ersten Weltkrieg und auch im Zweiten Weltkrieg.*

*Nach Beendigung des Westfeldzuges wurde ich in das Regiment „Der Führer“ versetzt und war dort Kompaniechef. Auf einer anderen Aufnahme ist das EK-II-Bändchen zu sehen, und daraus kann man schließen, daß es Ende 1940 war.*

*Das Eiserne Kreuz I. Klasse bekam ich im Rußlandfeldzug 1942 im Kaukasus, wo ich schwer verwundet wurde. Wenn ich mir heute vorstelle, daß ich insgesamt 49 Panzergefechte überlebt habe, muß ich einen wahrhaftigen Schutzengel gehabt haben.*

Infolge des Regierungsantrittes der Nationalsozialisten kam es auch zu einer „Ordensschwemme“. Im Gegensatz zur Zeit der Weimarer Republik stieg die Anzahl der Orden und Ehrenzeichen stark an. Einige der wichtigsten Auszeichnungen bis zum Kriegsausbruch waren beispielsweise das „Ehrenzeichen der nationalsozialistischen Bewegung“ (für Parteimitglieder mit einer Nummer unter einhunderttausend), der „Blutorden“ als Erinnerung an den gescheiterten „Marsch auf die Feldherrnhalle“ 1923, die „Anschlußmedaillen“, das „Spanienkreuz“ für Angehörige der „Legion Condor“ oder die Dienstauszeichnungen des RAD, der SS oder anderen Formationen.

Im Krieg gab es eine ähnliche Fülle von Orden und Ehrenzeichen. Am 1. September 1939 stiftete Hitler das Eiserne Kreuz

| Name | Rufname | Geburtstag und Geburtsort | Dienstgrad, Dienststellung, Dienstverhältnis | Truppenteil | Heimatanschrift (Angabe, ob Ehefrau, Eltern usw.) |
|---|---|---|---|---|---|
| D a r g e s | Fritz Willi Joachim | 8.2.1913 Dülsberg/ Salzwedel | ϟϟ-Ostubaf. Rgts.Führer aktiv | ϟϟ-Pz.Rgt.5 | Renate Freifrau v. Hadeln geb. Freiin v. Thermann Berchtesgaden Haus Maria-Elisabeth |

RDA.: 30. 1.1944 Diensteintritt: 1. 4.1933

Seit wann in letzter Dienststellung: 15. 8.1944

Zugehörigkeit zur Partei bzw. deren Gliederungen mit Dienstrang und -stellung: NSDAP. seit 1.5.1937

Beruf des Vorgeschlagenen: (wenn nicht aktiv) aktiver ϟϟ-Führer

Friedenstruppenteil des Vorgeschlagenen: (nur bei aktiven Soldaten) 2./ϟϟ-Germania

Zuständiges Wehrbezirkskommando: (bei Soldaten d. R.) – –

Beruf des Vaters: Molkereiverwalter

Letzte Verwundung am – –

Ist mit der Wiederherstellung der Frontverwendungsfähigkeit zu rechnen? – –

| Bisher verliehene Kriegsauszeichnungen mit Angabe der Verleihungsdaten | Bisherige Kriegsverwendung seit 1939 mit Angabe der Daten |
|---|---|
| Eisernes Kreuz 2. Kl. am 15. 7. 1940 | Kompanieführer |
| Eisernes Kreuz 1. Kl. am 19. 8. 1942 | Pers. Adjutant beim Führer |
| Panzerkampfabz. Silber am 8. 9. 1942 | Abteilungsführer |
| " " II. Stufe am 16.10. 1944 | Regimentsführer |
| am 19 | |
| am 19 | |
| am 19 | |
| am 19 | |
| am 19 | |
| am 19 | |

Kurze Begründung und Stellungnahme der Zwischenvorgesetzten:

Der SS-Obersturmbannführer D a r g e s hat seit Beginn der Kämpfe zur Entsetzung von Budapest als Führer der Panzer-Spitze der Division durch geschickte Kampfführung in dem unwegsamen Gelände des Vertes-Gebirges für die weiteren Kämpfe entscheidende Erfolge erzielt.

An den Südausläufern des Gebirges hatte der Gegner, der sich nach dem bisher überraschenden Vorstoss wieder gefangen hatte, am 4.1.45 durch Heranführen neuer Kräfte, vor allem Panzer und Sturmgeschütze, eine starke Wiederstandslinie aufgebaut.
Infolge dieser neuen Feindkräfte und auftretender Geländeschwierigkeiten war der beabsichtigte Vorstoss über Csabdi auf Bieske vereitelt worden, trotzdem die Gruppe Darges 5 Panzer und 3 Sturmgeschütze vernichtet und mehrere Pak-Riegel aufgebrochen hatte. In richtiger Erkenntnis der Lage, daß durch den sich laufend aus Many verstärkenden Gegner am folgenden Tag ein weiteres Vordringen unmöglich sei, entschloß sich D. aus eigener Initiative den Durchbruch noch in der gleichen Nacht zu erzwingen. Unter geschickter Umgehung einer durch Panzer verstärkten Pak-Sperre, führte er, an der Spitze seiner gepanzerten Gruppe fahrend, einen überraschenden Vorstoss auf Vacztely über die Höhen 264 und 269 in südostwärtiger Richtung, nahm die nach Süden beherrschende Schloßhöhe bei Hegis (2 km NW Bieske) und stiess auf der Strasse Many-Bieski auf eine nach B. marschierende Feindkolonne aus welcher die Spitzenfahrzeuge, bei denen sich D. befand, 12 Lkw., 4 12,2 cm Geschütze, 4 Pak 7,62 cm und eine grössere Anzahl Bespannt-Fahrzeuge vernichteten. Ungeachtet der sich in seinem Rücken befindlichen Feindkräfte und einer starken Flankierung aus ostwärtiger Richtung, setzte D. den Angriff auf das Schloß Hegis fort, aus dessen Park die Panzer-Spitze stärkstes Pak- und Artilleriefeuer erhielt und nahm das Schloß. Hierbei wurden 7 7,62 cm vernichtet und der Gegner auf Bieske zurückgeworfen. Durch konzentrische Angriffe des Gegners auf die vorgegangene Panzer-Spitze war D. gezwungen, sich bei Tagesanbruch im Schloßgelände einzuigeln.
Den ganzen Tag über versuchte der Gegner mit Infanterie und Panzerkräften, unterstützt durch starkes Artillerie- und Granatwerferfeuer, die, seine wichtige Nachschubstrasse sperrende Gruppe zu vernichten. Seine Panzer und schwache Begleit-Infanterie nach jedem abgewehrten Feindeinbruch wieder ordnend, spornte SS-Ostubaf.Darges die Kampfgruppe durch sein Beispiel zu vorbildlicher Standhaftigkeit an und fügte durch wiederholte Ausfälle kleinerer Panzergruppen dem Gegner schwere Verluste zu.
Unter anderem wurden an diesem Tage 13 Feindpanzer vernichtet. In der Nacht vom 5. zum 6.1. verstärkte sich der Feinddruck. Der bis in den Schloßhof eingedrungene Gegner wurde 6 mal im Nahkampf zurückgeworfen. Erst im Morgengrauen des 6.1. war es möglich durch Panzergeleit die Kampfgruppe Darges zu versorgen und in der Nacht zum 7.1. konnten die übrigen Teile der Division den Anschluß erzwingen.

Durch diesen kühnen Vorstoss hat SS-Ostubaf. Darges den Durchbruch durch die letzten bewaldeten Ausläufer des Vertes-Gebirges erzwungen und durch sein unerschütterliches Ausharren eine, für die Entsetzung von Budapest äußerst wichtige Schlüsselstellung behauptet.

In der Zeit vom 1.-7.1.1945 vernichtete und erbeutete die von Darges geführte Panzergruppe:

46 Panzer und Sturmgeschütze,
61 Pak,
6 Geschütze,
96 Lkw.,
60 bespannte Fahrzeuge.

wieder, von dem es vier Abstufungen gab. Das Eiserne Kreuz I. und II. Klasse waren die ersten beiden Stufen. Die dritte Stufe war das Ritterkreuz, von dem es wiederum fünf Unterteilungen gab: das Ritterkreuz zum Eisernen Kreuz, dazu Eichenlaub, dazu Schwerter, dazu Brillanten und das Ritterkreuz mit goldenem Eichenlaub mit Schwertern und Brillanten (nur ein einzigesmal verliehen an den Stukapiloten Hans Ulrich Rudel). Die vierte Stufe war das Großkreuz, das im Zweiten Weltkrieg nur an Hermann Göring verliehen wurde. Weitere Kriegsorden waren u. a. das Deutsche Kreuz in Gold (im Landserjargon auch „Spiegelei" genannt) und Silber, das Kriegsverdienstkreuz in zwei Klassen, das Verwundetenabzeichen, Kampfabzeichen der Wehrmacht oder „Schilde" für besondere militärische Operationen wie beispielsweise Cholm, Narvik oder Demjansk.

## *Das Ritterkreuz haben Sie 1945 bekommen?*

*Ende 1944 habe ich dann das Regiment übernommen. Kurze Zeit bevor wir nach Ungarn verlegt wurden. Vor Weihnachten 1944 begleitete die Division „Wiking" einen wichtigen Transport von der Festung „Modlin" nach Ungarn.*

*In Ungarn wurden wir eingesetzt, um Budapest zu befreien. Budapest war von der Roten Armee eingeschlossen. Im Kampf um Budapest hatte ich eine Führungsaufgabe und war auch selbst dort eingeschlossen. Die Tapferkeit ist bei so einer hohen Auszeichnung nicht entscheidend. Da kamen zuerst das Eiserne Kreuz und das NS-Spiegelei* [Deutsche Kreuz in Gold].

*Das Ritterkreuz habe ich für den Kampf um Budapest erhalten. Am 1. Januar 1945 fuhr ich an der Spitze meines Regiments den ersten Angriff. Ich weiß noch, daß es an diesem Tag eiskalt war, aber heller Sonnenschein und eine wunderbare Luft. Da habe ich im Turm meines Panzers gestanden und eine Abteilung „Panther" und eine Abteilung normale Panzer befehligt. Durch meinen überraschenden Vorstoß konnte eine für den Entsatz Budapests wichtige Versorgungsstraße erobert und gehalten werden.*

Im Oktober 1944 erhöhte sich der Druck auf den „Reichsverweser" Nikolaus Horthy immer mehr, Ungarn aus dem Bündnis mit Deutschland zu lösen. Ein Putsch beendete jedoch seine Herrschaft, und eine den Nationalsozialisten ergebene Pfeilkreuzlerpartei übernahm die Regierungsgeschäfte. Allerdings nur für kurze Zeit, denn die Rote Armee schickte sich an, das Land im Sturm zu erobern. Am 20. Dezember hatten Stalins Truppen die Donau überquert und begannen die ungarische Hauptstadt einzuschließen. Um dies zu verhindern, beorderte die deutsche Führung am 26. Dezember das 4. SS-Panzerkorps (bestehend aus der 3. SS-Panzerdivision „Totenkopf" und der 5. SS-Panzerdivision „Wiking") aus Warschau nach Süden, um Budapest zu entsetzen. Doch konnten auch diese vormaligen „Elitedivisionen" den Feind nicht mehr zurückdrängen. Bis zum 11. Februar 1945 kämpften die Deutschen gegen die Russen. Dann versuchten dreißigtausend der eingeschlossenen Soldaten den Durchbruch nach Westen. Dabei wurden die SS-Divisionen „Florian Geyer" und „Maria Theresia" völlig aufgerieben. Einen Tag später mußte die ungarische Hauptstadt kapitulieren.

**Was können Sie über die letzten Kriegsmonate berichten?**

*Zum Schluß des Krieges war ich mit der Division „Wiking" in die „Reichsschutzstellung" eingerückt. Da war ich mit meinen Män-*

5. SS Panzer Division
Wiking

(Vorschlagende Dienststelle)

Reichsführer-SS Persönl. Stab
Verb. Offz. b. OKH / PA P 5
Eingang: 10. März 1945
Tgb. Nr. 451/45 Ro

Nr. 4895

2284

**Vorschlag Nr.** 1/45

**für die Verleihung des**

Ritterkreuzes des Eisernen Kreuzes

Div.Gef.St., den 17. 1. 1945

(Ullrich)
(Unterschrift, Name in Maschinenschrift)

SS-Standartenführer u. Divisionsführer
(Dienstgrad und Dienststellung)

An

OKH./PA. 1. Staffel P 5
Verb.-Offz.d.Waffen-SS
a. d. D.

Verliehen: 5. 4. 45

Darges geführte Panzergruppe:
46 Panzer und Sturmgeschütze
61 Pak
6 Geschütze
96 Lkw.
60 bespannte Fahrzeuge.

gez. U l l r i c h

SS-Standartenführer u.
Div.-Führ.

Gen.Kdo.IV.SS-Pz.Korps K.Gef.St., 21.2.1945

SS-Obersturmbannführer Darges öffnete durch seinen von hervorragender Tapferkeit getragenen Durchbruch auf Schloss Hegis, nördlich Bieske, seiner Div. den Austritt aus dem Vertes-Gebirge und verteidigte diese wichtige Position mehrere Tage lang gegen stärkste Feindangriffe.
Der Vorschlag wird befürwortet.

gez. G i l l e

SS-Obergruppenführer
und General der Waffen-SS
Komm.General

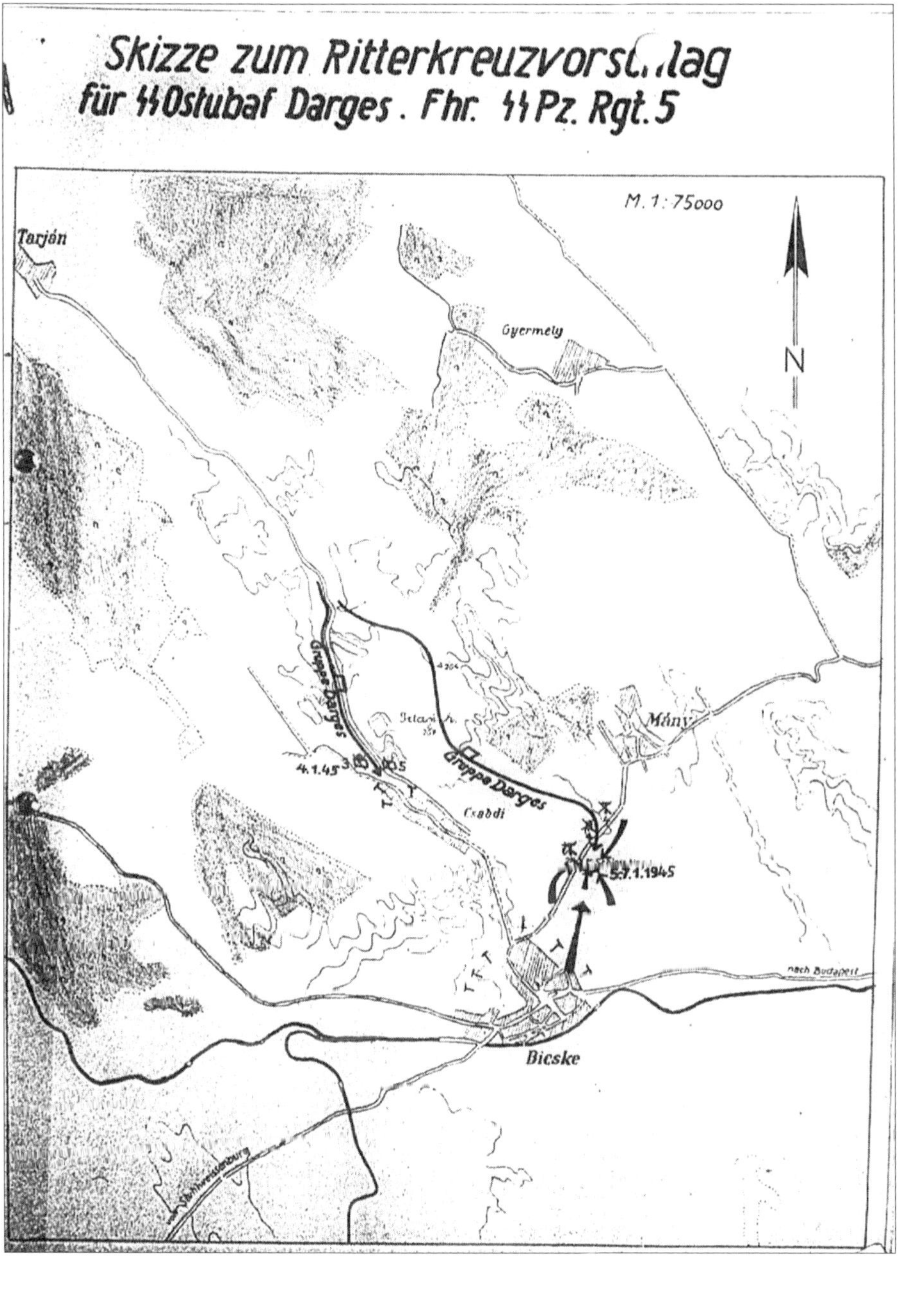

**Skizze zum Ritterkreuzvorschlag**
**für ϟϟ Ostubaf Darges. Fhr. ϟϟ Pz. Rgt. 5**

M. 1:75000

N

Tarján

Gyermely

Gruppe Darges

Gruppe Darges

Mány

4.1.45

Csabdi

5.-7.1.1945

nach Budapest

Bicske

Stuhlweissenburg

*nern in Österreich südlich von Graz im Feldbachtal. Das Datum der Kapitulation wurde in höchsten Kreisen der Armee bereits drei, vier Tage vorher bekannt. Zu diesem Zeitpunkt fanden auch keine Kampfhandlungen mehr statt. Unsere Division lag dem Russen direkt gegenüber, und auf der Rückseite rückte der Amerikaner weiter vor, so daß wir uns wie bei einem Sandwich vorkamen.*

Am 4. April 1945 hatte der letzte deutsche Soldat Ungarn verlassen, und die meisten SS-Divisionen, die in Ungarn eingesetzt waren, zogen sich zur Verteidigung Wiens zurück. „Hohenstaufen" war beispielsweise dabei so zerschlagen worden, daß sie lediglich kleine Kampfgruppen bilden konnte, die Nachhutaufgaben übernahmen.

### *Wie erlebten Sie die Kapitulation der deutschen Wehrmacht?*

*Eines war klar, wir wollten nicht in russische Gefangenschaft, und der amerikanische General Patton wollte für sich den Ruhm haben, eine deutsche Panzerarmee besiegt zu haben. Dabei ist überhaupt kein Schuß gefallen.*

*Die Kunst bestand darin, den Russen nicht noch eine Chance zu einem Kampf zu bieten. Wir waren waffenmäßig nur noch sehr schwach ausgerüstet und hatten der russischen Armee nichts mehr entgegenzusetzen. Als Transportmittel für unsere Soldaten setzten wir ausschließlich LKW ein, unsere Panzer ließen wir am Straßenrand stehen.*

*Dann erfolgte die Kapitulation. Bei uns war es so, daß Soldaten, die mit ihren Fahrzeugen, einen bestimmten Paß überfuhren, in amerikanische Gefangenschaft kamen und zunächst ihre Waffe behalten durften. Von Österreich aus führte der Weg bis nach München, dort war der Weg dann zu Ende.*

## *Durften Sie Ihre Uniform und Ihre Auszeichnungen behalten?*

*Papiere haben uns die Amerikaner gerne weggenommen, deshalb hatte ich meinen Wehrpaß im Schuh versteckt. Bei unserer Internierung in Dachau haben wir zunächst aus disziplinären Gründen die Anweisung erhalten, daß alle Dienstgradabzeichen nicht von den Uniformen entfernt werden dürfen.*

*Nach etwa einem halben Jahr wurden bei einem nächtlichen Alarm die Offiziere von den Mannschaften getrennt. Die Mannschaftsdienstgrade wurden nach Fürstenfeldbruck verlegt. Wir hatten in Dachau dann ein reines Offizierslager.*

Viele US-amerikanische Soldaten wurden zu echten „Ordensjägern“, die den Gefangenen Ihre Auszeichnungen stahlen, die sie als Souvenir mit in die Staaten nahmen. So brachten die Sieger viele Landser um ihre Orden, die sie sich verdient hatten. Jedoch gab es auch Ausnahmen. Generalfeldmarschall Milch wurde beispielsweise der Marschallstab abgenommen, aber einige Jahre nach Kriegsende erhielt er ihn wieder zurück.

## *Wie wurden Sie behandelt?*

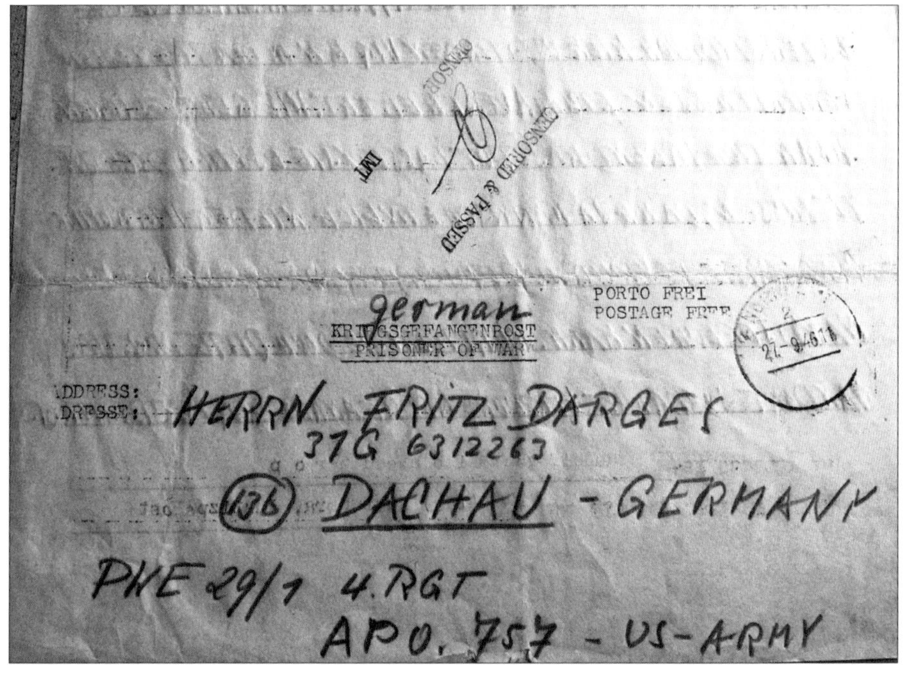


*Wir wurden dort tadellos behandelt. Ich bekam den Wehrsold und auch die Marketenderwaren eines amerikanischen Oberstleutnants. Pfeifen und Tabak. Ich meine mich erinnern zu können, daß es 35 Dollar waren. Der Betrag wurde jedoch nicht ausgezahlt.*

*Bei der Entlassung gab es dann Reichsmark, aber das war kein gültiges Zahlungsmittel mehr. Zu diesem Zeitpunkt kostete eine Schachtel Zigaretten ungefähr hundert Mark.*

*Die Behandlung der Kriegsgefangenen war jedoch von Lager zu Lager unterschiedlich. Es hat auch ganz üble Lager gegeben. Wir waren ein intakter „Verein“, und die amerikanischen Besatzungssoldaten hatten keine Schwierigkeiten mit uns.*

23.9.46

LIEBER BARGES! DA ICH NUN NOCH EINE WEITERE WOCHE BLEIBE
EINE KURZE NACHRICHT. SITZE HIER IN MEINER ZELLE, OHNE GE-
PÄCK USW. U. SPIELE SOLOBRIDGE. MEINEN VATER SEHE ICH FAST
TÄGLICH EINE HALBE STUNDE, ALLERDINGS DURCH GITTER. SIE
KÖNNEN SICH DIE BEIDERSEITIGE FREUDE DENKEN. ER LÄSST
SIE AUCH VIELMALS GRÜSSEN. LEIDER DARF ICH MEINE MUT-
TER NICHT SPRECHEN, WAS SEHR ENTTÄUSCHEND IST, HOFFTE
ICH DOCH GERADE IN DIESEN TAGEN MIT IHR SEIN ZU KÖN-
NEN. MEINEM VATER HAB ICH EINIGES AUS UNSEREM LEBEN
BERICHTET U. WIR HABEN ZUM ERSTAUNEN DER POSTEN, DIE
NEBEN UNS SITZEN LAUT GELACHT. MEINE KLEINEN GESCH-
WISTER SIND AUCH HIER U. SO HABEN WIR IHN IN DEN TROSTLOSEN
VERHÄLTNISSEN ETWAS AUFGEHEITERT. WIE GEHT ES IHNEN?
WENN SICH IRGENDWAS TUT LASSEN SIE ES MICH DOCH BIT-
TE WISSEN, DA ICH JA WAHRSCHEINLICH WIEDER HIN KOMME.
SONST GIBT ES WENIG ZU BERICHTEN, DA ICH JA AUCH NIE-
MAND SPRECHEN KANN. SCHREIBEN SIE DOCH BITTE MAL, WAS
MAN DORT SO SPRICHT. HERZLICHE GRÜSSE AN ALLE IHR R. RIBBENTROP

MY ADDRESS IS: Rudolf von Ribbentrop

MEINE ADRESSE IST WIE FOLGT: (13a) Nuernberg, Justizpalast

*Von Anfang Mai 1945 bis zum 1. Mai 1948 war ich in Hammelburg interniert. Bis Ende 1946 befand ich mich in amerikanischer Kriegsgefangenschaft und danach in* „automatic arrest“.

Vor allem die sogenannten Rheinwiesenlager waren berüchtigt. Der Begriff steht für die umgangssprachliche Beschreibung der Gefangenenlager, die die Amerikaner nach dem Überschreiten für die Angehörigen der Wehrmacht einrichteten. Die einzelnen Lager waren in „*cages*“ oder „*compounds*“ unterteilt, an deren Spitze ein deutscher „*leader*“ stand, der mit Hilfe einer deutschen Lagerpolizei häufig die Kameraden schikanierte, um sich selbst Vorteile zu sichern. Feste Unterkünfte waren auf den „Rheinwiesen“ nicht vorhanden – jede Gruppe/Kompanie bekam einen Geländeabschnitt zugewiesen, wo sich die Gefangenen Erdlöcher gruben, die häufig bei Regen einstürzten und die Landser unter sich begruben. Die Verpflegung war in der Anfangszeit äußerst mangelhaft. Erst nach und nach besserte sich die Lage. Zelte wurden aufgestellt, und die Verpflegungsrationen stiegen auch an. Zu den Verlusten gibt es keine genauen Angaben. Aufzeichnungen der Besatzungsmächte und Mitteilungen der einzelnen Gemeindeverwaltungen ergeben eine Zahl von etwa 5300 Todesopfern in den „Rheinwiesenlagern“. Der kanadische Schriftsteller und Historiker James Bacque, der sich intensiv mit dem Massensterben deutscher Soldaten insbesondere in den Rheinwiesenlagern befaßt und seine Forschungsergebnisse in dem internationalen Erfolgsbuch *Der geplante Tod* (1989) veröffentlicht hat, kommt demgegenüber auf fast eine Million in amerikanischer und französischer Gefangenschaft umgekommene deutsche Soldaten.

**Welche Verwendung hatte Ihnen am besten gefallen?**

*Das ist aber eine komische Frage. Der Umgang mit den Menschen an sich war schon das Erlebnis. Aber wenn sie eine gute Stabsaufgabe hatten, war das natürlich ideal. Aber wir Junker der Waffen-SS waren in Bad Tölz auf den Truppeneinsatz gedrillt worden. Im Laufe der Jahre waren meine Verwendungen oft sehr unterschiedlich gewesen. Einmal waren sie persönlicher Adjutant des Führers, dann Ordonnanzoffizier, Kompaniechef oder Abteilungskommandeur. Als ich dann zum Regiment kommandiert wurde, bekam ich erst eine Abteilung und später ein Regiment. Das war eine schwere Aufgabe, denn ich war noch wahnsinnig jung. Ein Panzerregiment war das Ideal eines jeden Offiziers. Die „Panzerei"!*

**Wie beurteilen Sie den Film** Der Untergang **(BRD 2004)?**

*Ich habe zusammen mit meinem Hausbetreuer den Film* Der Untergang *im Kino gesehen. Dadurch, daß ich die meisten Personen des Films, wie zum Beispiel Traudl Junge, Otto Günsche und viele andere, jahrelang gekannt habe, war die Atmosphäre im Bunker bedrückend echt. Manche Dinge wurden leider zu sehr übertrieben, wie das andauernde Hackengeknalle. Am schlimmsten für mich war das Schicksal der Goebbels-Kinder.*

Joseph Goebbels, Reichsminister für Volksaufklärung und Propaganda, kam am 29. Oktober 1897 als Sohn eines Handlungsgehilfen in Rheydt auf die Welt. 1920 promovierte er zum Doktor der Literaturwissenschaften und gründete 1924 eine NSDAP-Ortsgruppe in Mönchengladbach. Zuerst stand er dem „linken" Strasser-Flügel nahe, wechselte aber nach einem Treffen mit Hitler auf dessen Seite und ging 1926 als Gauleiter nach Berlin. Ein Jahr später gründete er die Zeitung Der Angriff und wurde 1929 Reichspropagandaleiter der NSDAP. Nach der Heirat mit Magda Quandt im Jahr 1931 kamen sechs gemeinsame Kinder auf die Welt. 1945 ging er mit seiner Frau und den Kindern zu Hitler in den Bunker unter der Reichskanzlei. Nach dem Tod des „Führers" und angesichts der aussichtslosen Lage vergiftete die Mutter zuerst die sechs Kinder, dann ging das Ehepaar Goebbels gemeinsam am 1. Mai 1945 in den Freitod.

***Was trieb Ihre Generation an?***

*Wir waren angespitzt durch den Versailler Vertrag.*

***Was denken Sie heute, wenn Sie „Preußen" hören?***

*Allgemein herrschte in Preußen große Ehrlichkeit, und Korruption war so gut wie nicht möglich. Wenn ich da an den heutigen Zeitgeist denke... fangen wir bloß nicht damit an!*

***Wenn das Schicksal Sie noch einmal aussuchen würde, würden Sie alles noch einmal so machen, wie Sie es getan haben?***

*Erstens konnte ich nicht wissen, was in meinem Leben passiert, und zweitens waren wir angespitzt durch den sogenannten Ver-*

*sailler Vertrag. Der Traum meiner Generation war ein Großdeutsches Reich.*

*Ich hatte das Glück, in die Hände einflußreicher Leute zu gelangen, die mich gefördert haben.*

*Wenn ich mir das heute vorstelle: Ich wurde von der Garnison Bad Arolsen in das „Braune Haus" in München versetzt; in der obersten Dienststelle der NSDAP, dem „Braunen Haus", hatte ich mein Zimmerchen und mußte Berichte über parteiinterne Zusammenhänge lesen, um die Atmosphäre in der Partei kennenzulernen.*

**Sind Sie mit Ihrem Leben zufrieden?**

*Ich habe ein sehr ereignisreiches Leben hinter mir und eine sehr glückliche Ehe geführt. Noch heute habe ich eine große Resonanz bei ehemaligen Regimentsangehörigen und bei der Ordensgemeinschaft der Ritterkreuzträger, dort bin ich Ehrenmitglied geworden.*

**Was können Sie uns für die Zukunft raten?**

*Der heutige Zeitgeist ist stark geprägt durch den Egoismus des Einzelnen. Für das gedeihliche Zusammenleben ist jedoch die Gemeinschaft das Wichtigste.*

# NACHWORT

Im Jahre 2009 verstarb Fritz Darges. Mit ihm ging wieder eine Person, die über die Zeit des „Dritten Reiches" berichten konnte. Die Zeit arbeitet gegen diejenigen, die noch Menschen befragen wollen, die diese Epoche miterlebt haben und die nicht auf simples Aktenstudium angewiesen sein wollen. Zeitzeugen sind eine ergiebige Quelle. Sie können Anekdoten berichten, die, wenn sie nicht aufgeschrieben, verfilmt oder anderweitig festgehalten werden, in Vergessenheit geraten.

Bleiben wir beim Zweiten Weltkrieg und dem „Dritten Reich". Der Verlauf der Geschichte ist bekannt, genauso wie die Verbrechen, der Bombenkrieg, die Vertreibung ganzer Völker usw. Doch dahinter finden sich Menschen, die aus den simplen Daten und Zahlen eine Geschichte entstehen lassen, die berühren kann. Dies gilt für Überlebende des Holocausts, für Kriegsveteranen, Vertriebene, „Trümmerfrauen", Hitlerjungen usw.

Sie alle können helfen, zu begreifen, und der Geschichte ein menschliches Antlitz geben. Dies gilt auch sogar für die Person, die das Amt des Reichskanzlers als Vorletzter bekleidete: Adolf Hitler. Spöttisch könnte man sagen, daß dieser Mann aus Braunau der bekannteste deutsche Politiker der Geschichte ist, denn auch fast siebzig Jahre nach seinem Tod sorgt er noch immer für Schlagzeilen. Er gehört zu den Menschen, über die man immer noch mehr erfahren möchte. Erinnert sei nur an die größte „Presse-Ente“ der deutschen Nachkriegsgeschichte, als der *Stern* 1983 die vemeintlichen Hitler-Tagebücher veröffentlichte. „Weite Teile der deutschen Geschichte müssen neu geschrieben werden“, hieß es damals. Die Welt wollte mehr über das „Monster Hitler“ erfahren und will es bis heute noch. Die Menschen möchten offensichtlich mit einem nicht durch die Goebbels'sche Propaganda verstellten Blick einem Hitler ins Gesicht sehen, dem alle Masken abgenommen sind, und dabei kann das Umfeld des „Führers“ behilflich sein.

Bald ist es jedoch dafür zu spät, um einen Blick hinter die Kulissen zu erhaschen. Die Sekretärinnen wie Christa Schroeder oder Traudl Junge – tot. Der Fahrer Kempka oder der Pilot Baur – tot. Aus dem Führerbunker in Berlin lebt auch niemand mehr. Die Zeit wird knapp, um persönliche Schilderungen über Adolf Hitler zu hören, die auch manchmal nicht dem „Mainstream“ entsprechen.

Menschen aus der Umgebung von Hitler beschreiben den „Jahrtausendverbrecher“ als menschlich, nett und höflich – was im krassen Gegensatz zu der Sichtweise vieler Historiographen steht, die in dem Österreicher am liebsten die Inkarnation des Leibhaftigen sehen, von dem nur gesprochen werden darf, wenn ein leichter Geruch von Schwefel in der Luft liegt.

Sicher, man muß bei diesem wie bei jenem Zeitzeugen stets bedenken, daß es sich um subjektive Eindrücke und Schilderungen handelt, aber mindert das ihren Beitrag? Nein, denn die Eckdaten der Geschichte stehen fest. Ungereimtheiten oder Überhöhungen können mit Hilfe der Standardliteratur aufgeklärt oder zurechtgerückt werden. Der Beitrag des Zeitzeugen kann sich immer nur auf einen kleinen Teil beschränken, der dennoch zum Verständnis des „großen Ganzen" beitragen kann.

Deswegen sollte jeder Fetzen Erinnerung konserviert werden – vielleicht wird er eines Tages große Bedeutung erlangen.

## LITERATUR

Ailsby, Christopher. *Die Geschichte der Waffen-SS*. Wien, 2004.

Benz, Wolfang, u. a. (Hrsg.). *Enzyklopädie des Nationalsozialismus*. München, 2001.

von Capelle, H. / A. P. Van de Bovenkamp. *Der Berghof*. Wien, 2007.

Klee, Ernst. *Das Personenlexikon zum Dritten Reich*. Frankfurt am Main, 2003.

Neumärker, Uwe/Robert Conrad/Cord Woywodt. *Wolfsschanze*. Augsburg, 2008.

Williamson, Gordon. *Die Waffen-SS – 10. bis 23. Divisionen*. Königswinter, 2010.

Zentner, Christian (Hrsg.). *Der Zweite Weltkrieg – Ein Lexikon*. München, 2003.

## BILDQUELLEN

Archiv „Wiking" F. M.
Agentur Meier zu Hartum
Bildarchiv Preußischer Kulturbesitz

# FRITZ DARGES

8. Februar 1913 bis 25. Oktober 2009

8. Februar 1913: Geburt in Dülseberg (heute Diesdorf) bei Salzwedel

1930: Mittlere Reife in Hermannsburg

ab 1930: Ausbildung zum Exportkaufmann in Hamburg

April 1933: freiwilliger Beitritt zur SS

ab 1934 bis April 1935: SS-Junkerschule Bad Tölz

1936 bis 1939: Adjutant von Reichsleiter Martin Bormann, einem der mächtigsten Männer im nationalsozialistischen Deutschland

1939 bis 1940: Kompaniechef bei der Waffen-SS; Teilnehmer an der Schlacht von Frankreich

1940 bis 1942: persönlicher Adjutant von Adolf Hitler

1943 bis 18. Juli 1944: weiterhin im inneren Kreis um Adolf Hitler; unter anderem Begleiter von Eva Braun

30. Januar 1944: Beförderung zum Obersturmbannführer (Oberstleutnant)

ab August 1944: Kommandeur SS-Regiment „Wiking“

5. April 1945: Verleihung des Ritterkreuzes

1945 bis 1948: amerikanische Kriegsgefangenschaft

25. Oktober 2009: in Celle verstorben

*Oben: Fritz Darges im Zweiten Weltkrieg mit Kehlkopfmikrophon im Panzer. Rechte Seite: Darges auf einer Feier anläßlich seines neunzigsten Geburtstages. Lange verhinderte sein schlechter Gesundheitszustand das geplante Interview, auf das er sich freute und das eine Art Vermächtnis geworden ist.*

Friedrich Darges 29223

8100 Celle, den 24-11-98
Schlepegrellstraße 12

Lieber Jubghistoriker -

ich habe in den letzten Tagen Ihren Anrufbeantworter besprochen und Ihnen mitgeteilt, daß unser Interview nicht mehr im Dezember stattfinden kann , sondern für den Januar 1999 neu verabredet werden mu+ -
Grund : familiäre und häusliche Proble,e imd eime erforderliche Reise nach Ö sterreich bis Mitt Dezember .

Frohe Festtage

Darges

8100 Celle, den 17-Ö1-1999
Schlepegrellstraße 12
Tel. 05141 - 34514

Sehr geehrter Herr Meier zu Hartum !

Seit unserem letzten Briefwechsek haben sich Ereignusse abgespielt, die unvorzusehen waren und deswegen auch meinen weiteren Lebnsablauf verändern werden.

Auch mein augenblicklicher Gesundheitszustand erlaubt weder weder psychische noch physische Belastung.

Es tut mir leid, dass ich in absehbarer Zeit für ein Interview nicht zur Verfügung stehe.

Mit freundlichem Gruss und den Wunsch für erfolgreiche hisrorische Ausbeute

Fritz Darges

wegen schlechter Sehkraft die Schreibfehler

## Mit der Wilhelm Gustloff in Norwegen

DVD, 12seitiges Beiheft,
Laufzeit: ca. 35 Minuten + 40 Min.
Exklusivinterview mit Heinz Schön

**14,95 €**

**Die Geschichte des BDM-Werkes**

## Glaube und Schönheit

Unverkennbar im Stil Leni Riefenstahls gestaltet Hans Ertl einen Kulturfilm der im Oktober 1939 in den Kinos laufen sollte. Doch dazu kam es nicht mehr…

DVD, ca. 52 Min. + 30 Min. Bonusfilm

**19,80 €**

## Von Klimawandel, Geisterwolken und Chemtrails

Geheime Militär-Experimente
am Himmel zur Wettermanipulation?

DVD, ca. 140 Min.

**14,95 €**

---

## Verlorene Heimat

Kurzer Abriß der Geschichte und der kulturellen Bedeutung der Gebiete, die Deutschland und Österreich nach zwei Weltkriegen abtreten mußten.

CD, ca. 80 Min.

**9,90 €**

## Hermann Löns

Die schönsten Lieder und Erzählungen, präsentiert durch den weltbekannten Kammersänger Karl Ridderbusch.

CD, ca. 68 Min.

**9,90 €**

## Preußen

Aufzeichnung eines Vortragsabends im Schloßtheater im Neuen Palais Potsdam mit Gisela Limmer von Massow.

CD, ca. 68 Min.

**9,90 €**

Bitte senden sie mir kostenlos den aktuellen
**ZeitReisen Jahreskatalog** zu!

Rufen Sie uns an oder senden Sie uns eine kurz Nachricht per E-Mail.

**Tel: 0 23 27 / 7 15 59**
**info@zeitreisen-verlag.de**